國民政府抗日戰場中的
反細菌戰
（二）

Anti-Germ Warfare during the Second Sino-Japanese War

Section II

目錄

導言

許峰源

國家發展委員會檔案管理局應用服務組研究員

　　1937 年 7 月 7 日，七七蘆溝橋事變爆發，揭開中日八年戰爭的序幕。戰爭初始，日軍憑恃優越軍備武器，在中國發動大規模攻擊，亟欲在最短時間內殲滅國軍與地方反抗勢力，達到占領全中國的目的。在日軍凌厲攻勢與大範圍轟炸下，中國愈來愈多城市遭到無情戰火波及，遍地滿目瘡痍，許多民眾不堪戰事侵擾，被迫舉家避難而流離失所。至 11 月，中國首都南京淪陷，國民政府冀望救亡圖存，緊急宣布中央部會遷往重慶，各級機關與軍隊隨即倉皇撤往西南大後方，拉長抵抗日軍的戰線。中國採取以拖待變計策，觀察國際形勢變化，積極爭取他國支援，抵禦日軍攻擊。反觀，日軍採取速戰速決策略，軍隊長驅直入中國內部，卻受到戰線拉長影響，物資運送與後援補給出現困難，非但左右在華軍事行動，也粉碎短期內征服中國的計畫。

　　在中日戰爭爆發前後，日軍開始試驗各類疫菌威力，伺機在戰場上發動細菌戰。至 1940 年，日軍為突破中日戰爭僵局，調整作戰策略，鑑於細菌戰具有強大殺傷力、成本低廉特性，又兼具重創中國軍民士氣、降低國軍戰鬥力、折損國民政府威信的多重目的，不惜違反 1925 年《日內瓦國際公約》規定，在浙江、湖南、

江西、雲南啟動細菌戰疫。從此時起，日軍在不同區域散播各類毒菌，威脅民眾生命安全、耗損國軍作戰能力、混亂中國社會秩序，更嚴重污染生態環境，導致傳染病不斷復發，影響至為深遠。

　　日軍釀造的人為傳染病，以鼠疫傳播速度最快，短時間內即可造成人員傷亡，讓中國社會陷入極度恐慌。以浙江而言，從 1940 年 10 月起日本軍機載運米、麥、粟、棉花，混雜鼠疫桿菌、跳蚤，先後在衢縣、鄞縣（今寧波）、金華上空撒落。當鼠隻接觸毒物發病，迅速透過寄生跳蚤導向人體，引起鼠疫大流行。日軍又繼續在湖南、江西如法炮製，讓鼠疫毫無預警現蹤。易言之，國軍疲於奔命抵抗日軍攻擊時，尚得嚴防鼠疫隱形威脅；各地民眾飽受戰火迫害之苦，必須留意鼠疫無情殘害。當各省、縣、市遭到日軍細菌戰攻擊，地方政府必須隔離病患施予治療，並且設法圍堵疫源擴散。值此之際，中央政府勢必調查災患緣起，掌控疫癘變化，防堵疫情擴散，從而存續中國對日抗戰的整體戰力。

　　日軍組織細菌戰部隊、試驗生化武器，在中國發動細菌戰，已是中外學界探索焦點。早期，隨著日本當年參與細菌戰人員的口述資料彙整、出版，引起各界關注。當 1993 年《井本日誌》揭開細菌戰是日軍最高當局戰爭行為，引發日本學者震撼與檢討，例如森村誠一《惡魔的飽食——日本 731 細菌戰部隊揭秘》揭露細菌戰部隊作戰實況，痛陳日軍殘忍行徑。[1] 當日本愈來

1　森村誠一，《悪魔の飽食：「関東軍細菌戰部隊」恐怖の全貌》

愈多研究投注細菌戰，國際間亦撻伐日軍不法行徑，例
如美國學者哈里斯利用美國解密檔案撰寫《死亡工廠
──美國掩蓋的日本細菌戰犯罪》，譴責日軍在華的殘
忍作為，及其在太平洋戰爭期間也對美軍施展細菌戰攻
擊。[2] 值得注意的是，2011 年日本國會圖書館《金子順
一論文集》公諸於世，透過 731 部隊秘密研究細菌戰文
稿，清楚記錄 1940 至 1942 年間日軍在浙江、湖南進行
細菌戰詳細計畫。前述《井本日誌》被發現後，日本大
抵承認 731 部隊的存在，仍然無法確認細菌戰是否屬
實。當《金子順一論文集》與《井本日誌》相互印證，
細菌戰歷歷在目，迫使日本政府必須正視細菌戰之事
實，妥善解決中日歷史爭議。

　　中國改革開放後，大陸學界開始投向日軍細菌戰研
究。雖然起步較晚，但近年來中央、地方檔案館相繼公
開、出版歷史檔案，[3] 吸引愈來愈多人的關切，譬如湖

　　（東京：光文社，1981）。森村誠一著，駱為龍、陳耐軒譯，《惡
　　魔的飽食──日本 731 細菌戰部隊揭秘》，全三冊（北京：學苑
　　出版社，2014）。

2　Sheldon H. Harris, *Factories of Death: Japanese Biological Warfare, 1932-*
　　1945, and American Cover-up (New York: Routledge, 1994). 謝爾頓・
　　H・哈里斯（Sheldon H. Harris）著，王選等譯，《死亡工廠
　　──美國掩蓋的日本細菌戰部隊》（上海：上海人民出版社，
　　2000）。

3　《細菌戰與毒氣戰》（北京：中華書局，1989）。義烏市檔案館
　　編，《侵華日軍義烏細菌戰民國檔案匯編》（北京：中國文史出
　　版社，2016）。李海軍等編譯，《侵華日軍細菌戰重要外文譯介》
　　（北京：中國社會科學出版社，2018）。中共浙江省委黨史和文
　　獻研究室、浙江省檔案館合編，《日軍侵浙細菌戰檔案資料匯編
　　（全十冊）》（浙江：浙江人民出版社，2015-2019）。張華編，
　　《罪證：侵華日軍常德細菌戰史料集成》（北京：中國社會科學
　　出版社，2015）。

南文理學院設置細菌戰罪刑研究所，組織研究團隊一同
鑽研，傾力投入細菌戰研究。另一方面，受害者口述歷
史的整理，以及大規模田野調查相繼出爐，也讓細菌戰
討論議題趨於多元。[4] 奠基於此，大陸學者探研日軍發
動細菌戰原委、各地鼠疫流竄情形、民眾生命財產損
失，追蹤長時間鼠疫病源破壞生態、汙染環境，累積日
軍在華細菌戰與中國反細菌戰等研究成果。[5] 無疑的，
反細菌戰研究成果舉證歷歷，異口同聲譴責日軍違背國
際正義，必須追究日本戰爭責任，爭取合理賠償，[6] 頓
時讓中日關係陷入暗潮洶湧，浮現不安狀態。

　　受 1949 年以降兩岸分治影響，中國大陸反細菌戰

4　如謝忠厚編著，《日本侵華細菌戰研究報告》（北京：中共黨史出
　　版社，2016）。朱清如，《控訴：侵華日軍常德細菌戰受害調查》
　　（北京：中國社會科學出版社，2015）。聶莉莉，《傷痕：中國
　　常德民眾的細菌戰記憶》（北京：中國社會科學出版社，2015）。

5　相關研究，可參見邱明軒編著，《罪證——侵華日軍衢縣細菌戰
　　史實》（北京：中國三峽出版社，1999）。解學詩、松村高夫
　　等，《戰爭與惡疫：七三一部隊罪行考》（北京：人民出版社，
　　2000）。陳先初，《人道的顛覆：日軍侵湘暴行研究》（北京：
　　社會科學文獻出版社，2004）。金城民，《日本軍細菌戰》（哈
　　爾濱：黑龍江人民出版社，2008）。丁曉強等著，《關於浙贛
　　地區日軍細菌戰的調查研究》（北京：社會科學文獻出版社，
　　2012）。沙東迅，《侵華日軍在粵細菌戰和毒氣戰揭秘》（廣州：
　　廣東高等教育出版社，2015）。陳致遠，《紀實：侵華日軍常德
　　細菌戰》（北京：中國社會科學出版社，2015）。陳致遠，《日
　　本侵華細菌戰》（北京：中國社會科學出版社，2015）。

6　中國大陸細菌戰研究成果和研究取向等介紹，可參見陳致遠、
　　朱清如，〈六十年來國內外日本細菌戰史研究述評〉，《抗日
　　戰爭研究》，2011年第 2期，頁 138-150。孟曉旭，〈日軍侵華
　　細菌戰研究述論〉，《抗日戰爭研究》，2011年第 3期，頁 106-
　　116。謝忠厚，〈侵華日軍細菌戰研究述論〉，《抗日戰爭研究》，
　　2011年第 3期，頁 153-160。張麗梅，〈近 10年來侵華日軍細菌
　　戰研究綜述〉，《北京大學學報（社會科學版）》，第 7卷第 4
　　期（2006年 8月），頁 53-57。

研究多聚焦於各省、縣、市政府的防疫作為，盡其所能協助民眾重整家園。受到意識形態的限制，以及無法得見國民政府防杜細菌戰檔案、資料，大抵歸結中央政府對日軍細菌戰毫無反應，肆意放任災疫擴散，造成中國莫大損傷。簡言之，中國大陸學界反細菌戰研究偏重地方政府調查疫情、隔離與治療傷患，設法阻絕災疫擴散等面向。例如《日軍在浙江細菌戰專題研究》全書28萬字，透過詳實檔案史料，以26個專題討論疫菌來源、疫情傳播、疫區範圍、傷亡情況、環境破壞程度，盤整日軍在浙江發動細菌戰後，浙江省及所轄縣、市抗衡細菌戰的表現，[7] 唯獨未得見國民政府任何防疫舉措。

必須思考的是，整合各省疫情資訊、頒定全國防疫規章、教化全民防疫知能、有效調撥全國防疫物資，爭取國際防疫物資援助、向國際撻伐日軍殘暴行徑，都是中央政府的職責。國民政府為救亡圖存、保存戰力，各類防疫舉措刻不容緩，尤其各項防疫決策上行下效，涵蓋面向至深且廣。倘若能夠考察國民政府防疫作為，對照當前中國大陸學界探索各省防疫成果，即可顯現中國從上到下齊心反細菌戰的努力，檢視中央與地方落實防疫決策的績效。

1949年底，許多當年中央政府對抗細菌戰的檔案資料，隨著中華民國政府輾轉撤退至臺灣。目前，這些

7　中共浙江省委黨史研究室，《日軍在浙江細菌戰專題研究》（浙江：浙江人民出版社，2015）。

珍貴的紀錄大部分典藏於國史館與國家發展委員會檔案
管理局。國史館《行政院檔案》、《外交部檔案》保存
〈防治浙江衢縣鼠疫〉、〈浙江省衛生處防疫指導所組
織規程及醫療防疫隊組織規程〉、〈浙江省各縣防疫實
施辦法〉、〈日機於浙江省空投鼠疫菌案〉等案卷，詳
實記錄日本軍機在浙江衢縣、鄞縣、金華投射毒菌，散
布疫菌，釀造鼠疫過程。國民政府關注浙江疫情，命令
衛生署、軍醫署與戰時防疫聯合辦事處著手調查，擬定
傳染病防治策略，支援防疫物資人力，協助浙江進行細
菌戰防治工作。浙江省政府甫獲衛生署的支援，成立浙
江省衛生處防疫指導所與醫療防疫隊，迅速投入疫區醫
療救護與防疫作業。至於控制與圍堵鼠疫的流竄，戰時
防疫聯合辦事處擬定《防治敵機散播鼠疫菌實施方案
（衛生技術部分）》，羅列「調查疫情」、「製備預防
用鼠疫疫苗」、「製備治療用鼠疫血清」、「充實檢驗
設備與準備殺鼠、滅蚤、注射、消毒等器材」、「防疫
人員的合作」、「防疫宣傳」等事項，提供浙江防疫人
員參考，充填各單位防疫知識與技能，也就是按照該方
案循序漸進，即能掌控疫情，消滅鼠疫。棘手的是，浙
江多處鼠疫弭平之後，未料隔年疫情復發，鼠疫捲土重
來侵襲衢縣，更嚴重擴散到鄰近地區，迫使中央政府必
須規劃一套縝密的防疫與監控機制。因此，戰時防疫聯
合辦事處擬定〈衢縣鼠疫再度流行之防治辦法〉，規範
組織衢縣防疫人員，成立衢縣臨時防疫處，中央政府也
即刻支援醫療器材、疫苗，投入病患治療與防疫措施，
讓衢縣遠離災疫威脅。國民政府持續監控衢縣疫情，不

斷向國際友邦爭取醫藥援助，卻受困中日戰情危急，無
法從香港將醫藥物資、疫苗直接運往浙江，必須轉往西
南再設法輸入，延遲患者治療與鼠疫防治的時程，也見
證防疫工作的高難度與複雜性。

　　國史館典藏《國民政府檔案》，保存〈敵機在湘
各縣散布鼠疫桿菌及我防範情形〉、〈湖南省鼠疫防
治〉，記述日軍在浙江製造細菌戰後，又在湖南常德發
動另一波戰疫，引發新災情。有浙江的前車之鑑，國民
政府立刻命令湖南省政府及所轄縣、市政府緊急隔離病
患予以治療。在戰時防疫聯合辦事處指導下，湖南疫區
進行環境消毒，落實民眾疫苗施打，強化衛生人員防疫
技能，灌輸民眾正確防疫知識，遠離鼠疫的危害。又
《行政院檔案》保存〈戰時防疫聯合辦事處擬防制敵機
散布鼠桿菌實施辦法及請發防疫專款等案〉、〈戰時防
疫聯合辦事處組織辦法、全國防疫聯合辦事處組織規程
及經費概算〉案卷，如實記錄軍醫署、衛生署向中央政
府呈報湖南鼠疫與疫情訊息；國民政府為阻絕鼠疫流
竄，命令戰時防疫聯合辦事處蒐集、分析疫情，在最短
時間之內擬定最有效的防治策略，充作湖南防疫指南，
澈底遏止鼠疫迫害。

　　國家發展委員會檔案管理局典藏《國防部史政編譯
局檔案》，留存珍貴軍事紀錄，見證國軍與日軍在戰場
交鋒的瞬息萬變。其中，〈敵機散播鼠疫桿菌案〉記錄
日本軍機在浙江衢縣、鄞縣、義烏、金華與湖南常德
散播鼠疫桿菌，發動生化戰疫，消弭國軍戰鬥力，瓦解
民眾對中央政府之信任度。隨著疫情發酵，民眾心理恐

懼，社會極度不安，各地軍隊爭取軍醫署、戰時防疫聯合辦事處支援，與衛生署、省、縣、市政府站在同一陣線抵禦傳染病，以化解細菌戰疫危機。至於〈戰時疫情報告案〉留存抗戰期間軍醫署、衛生署與戰時防疫聯合辦事處防疫紀錄，從中可考察浙江、湖南與其他省分鼠疫流行實況，並掌握軍醫署傳染病調查數據、衛生署疫情分析報告、戰時防疫聯合辦事處爭取國際醫療與技術援助，全面檢視中國抵禦鼠疫的成效。尚可留意的是，該案記錄戰時防疫聯合辦事處因應湖南鼠疫，陸續擬定〈處置敵機擲下物品須知〉、〈防治敵機散布鼠疫桿菌實施辦法〉、〈補充防治敵機散布鼠疫桿菌實施辦法〉，這些規範乃奠基於前述〈防治敵機散播鼠疫菌實施方案（衛生技術部分）〉、〈衢縣鼠疫再度流行之防治辦法〉之上，對有毒物質處理模式、疫情通報、各省鼠疫檢驗機構設置、疫苗與各項藥物精確用量等要項，都有進一步規範，作為中央與地方共同反細菌戰的指引。

　　中國抗戰軍興，中日短兵相接，衛生環境趨於惡劣。民眾受到戰火迫害，加速跨境移動，容易挾帶鼠疫流行他處，擴大威脅國軍與各處民眾生命安全。國民政府必須維繫軍隊戰鬥力，提升產業發展增援前線，防範鼠疫必然是當務之急。職是之故，掌握傳染病疫情、落實防疫工作，分配醫療資源、宣傳防疫知識、指揮防疫工作，也都成為中央政府反細菌戰的任務。國史館與國家發展委員會檔案管理局典藏國民政府與衛生署、軍醫署、戰時防疫聯合辦事處指導、協助地方力抗細菌戰的

珍貴紀錄，這些內容既詳實又豐富，涵蓋面向廣泛，除了浙江、湖南對抗日軍細菌戰的紀錄，尚有抗戰期間江西、福建等地鼠疫流竄與當地政府治理傳染病的資料，亦不乏中央政府對於江西、福建的防疫計畫，極具參考價值。茲特將這些檔案資料選編成冊，提供學界應用，也希望這些檔案史料的出版、流通，能夠喚起更多人對於細菌戰議題的討論，正視國民政府反細菌戰的舉措。

最後，誠摯感謝周致帆先生在檔案選編期間，協助調閱檔案、辨識不明字跡與文檔繕打，也對民國歷史文化學社大力支持檔案資料出版，致上最高的敬意。

編輯凡例

一、本套書共二冊，依照原件錄入，以浙江、湖南、江西、福建四省為主要範圍。

二、為便利閱讀，部分罕用字、簡字、通同字，在不影響文意下，改以現行字標示；部分統計數字與函電文號、發文日期，改以阿拉伯數字呈現。以上情形恕不一一標注。

三、部分表格為配合排版，略有更動樣式。

四、原文內有「左」、「右」之敘述，不予更動。

五、原稿無法判讀之文字，以■標示。

六、部分附圖、附表，原件即無。

七、內文日期均為民國紀年。

一　行政院檔案
江西省請增撥防疫經費
並計畫

原案單位：行政院

移轉單位：行政院

典藏單位：國史館

● **政院來電紙**

文號：A19639 號

日期：32 年 11 月 21 日

重慶行政院：

本省呈請追加防疫經費二十萬元，奉准在省戰時特別預備金項下開支。惟查此項預備金業已支用餘，萬難挹注，而本省光澤縣西元又已發生真性鼠疫，迭有死亡情勢嚴重，地方財力有限，誠恐一旦流染蔓延堪虞。謹再電懇伏，乞准予另撥二十萬元，永彌慘劫，共戴洪施；除計劃概算另呈外，謹候電示。

　　　　　　　　　　　　曹浩森叩戌哿賉財會衛印

● **行政院稿**

文號：仁嘉 26623 號

日期：32 年 12 月 3 日

電

泰和江西省政府密，戌哿財令衛電悉，該省防疫經費應遵照申敬慶四電辦理，毋庸交議，已飭財政部提前

撥發。

行政院亥東慶四印

訓令

仰將江西省戰時預備金提前掃數撥發由

令財政部

據江西省政府電稱：「本省呈請追加防疫經費云云，至共戴洪施。」等情；查本案前據該省電請，業經核准在該省戰時預備金項下動支，並以仁嘉字 21735 號通知書通知在案。除電復該省仍遵前電辦理外，合行令仰將該省本年度戰時特別預備金提前掃數撥發濟用為要。此令。

● **遵令補編三十二年度防疫計劃及概算請令撥防疫經費貳拾萬元以應急需呈請鑒核示遵由**

文號：衛字第 00922 號

日期：32 年 11 月 23 日

案奉鈞院申敬慶四電，以本省雩都等縣防疫經費准在該省本年度戰時特別預備金項下動支二十萬元，仰即補編計劃概算呈核等因。奉此，查該項計劃概算鈞經編造完竣，惟查本省戰時特別預備金業已支用殆盡，萬難挹注，而本省光澤縣又已於十月十三日發生真性鼠疫。迭據報告死亡情事十分嚴重，防治刻不容緩，而地方財力有限，誠恐一旦流傳蔓延堪虞，擬請准予另撥防疫經費二十萬元以應急需。除另電專案呈請外，理合備文連同三十二年防疫計劃及概算書各二份呈請鑒核示遵。謹呈行政院院長蔣。

計呈送三十二年度防疫計畫及歲出概算各二份

江西省政府主席曹浩森

江西省三十二年度防疫計劃

壹、敘言

　　本年夏初，鑒於客歲霍亂流行本省達十八縣之多，死亡枕籍。爰一面積極準備訂定霍亂預防實施辦法，通令省縣衛生機關、各級醫療機構團體遵照施行；一面聯絡鄰省衛生機關交換疫情報告，俾得早期作有效之防堵。四月間廣東東莞縣首先發現霍亂，本省大庾及贛縣為該省出入粵省之要衝，比即令大庾縣設檢疫站，並由防疫經費項下購買霍亂疫苗，免費分發各縣應用，俾不致霍亂疫病流入本省。直至七月初，尚未發現霍亂病例，不期廣東米價陡漲，粵境居民相率移來就食，本省入境各孔道飢民絡繹於途，而小路入境者亦復不少，固是防疫病難期週密。於是霍亂病例首先發現者為贛縣，繼之雩都、會昌、泰和、吉安等縣次第蔓延，而贛西及贛北一帶本年並未發現此種病例。至鼠疫在本省本年度雖未發現，惟閩之邵武、建陽、浦城以及浙之慶元一帶尚在流行，而本省光澤、鉛山、慶豐、上饒等縣距離閩浙疫區均頗接近，商運頻繁、交通利便，隨時有波染可能，不得不預為戒備。至於流行性腦脊髓膜炎、白喉等病，本省去年曾有流行，本年入秋以來，天氣亢旱、雨量稀少，仍恐難免不再發生。本省職責所在，亦不能不預為之備，是以各項防疫設備均須長期實施，足以維護人民安全，增進民族健康。防疫對象固不僅霍亂、鼠疫

二者已也。

貳、工作計劃

甲、治療方面

疫病發生之處，在人口稠密縣份設置臨時隔離病院；人口較稀縣份設置隔離所。泰和方面交由省立醫院負責辦理。

乙、預防方面

（一）普及預防注射，除按保甲挨戶實施預防注射外，並於衝要地點實施街頭預防注射。

（二）設檢疫站於水陸交通地點，設檢疫站實施檢疫，並發給檢疫證，無證之旅客不得購買車、船票或入境。

丙、環境衛生方面

（一）屬行飲用水及廁所之消毒。

（二）積極滅蠅。

（三）舉行清潔大掃除。

（四）取締清涼飲、食物冷盤及剖開售賣之瓜果。

丁、宣傳方面

（一）印製防治鼠疫、防治霍亂及防治白喉、腦脊髓膜炎等小丹分發各機關團體及住戶。

（二）散發傳單。

（三）張貼標語。

（四）舉行演講。

（五）舉行預防運動宣導週。

參、人員器材及經費

為節省人力、財力起見，照下列各項措施施行：

甲、人員方面：視疫情之輕重，先儘各縣衛生機關防治，疫情較重縣份則由本處派防疫隊前往協助，並派員視察督導。

乙、器材方面：凡舉行各項防疫設施，如增設病院、檢疫站等儘先由各縣自行準備。關於疫苗、藥品、器械則由衛生處在防疫經費項下撥款購買儲備，必要時分發供應。

丙、經費方面：除由各縣自行籌措外，其派遣防疫人員之旅費、藥品器材之購置費、運輸費、消毒費、宣傳印刷費合併計之，較預算員列之防疫經費七萬七千元，不敷甚鉅。茲經呈准行政院追加防疫經費二十萬元，其分配如下：

一、藥械費十二萬元。

二、消毒費二萬元。

三、旅運費四萬元。

四、計支（包括郵電費）貳萬元。

● **抄送／發江西省三十二年度防疫計劃及概算請查照由／仰即知照由（行政院稿）**

文號：仁嘉 27922 號

日期：32 年 12 月 18 日

公函、訓令

令財政部

據江西省政府呈送本年度防疫計劃及概算呈請鑒核等

情，核數尚符，應准備案。除分行外，相應抄送原件，函請查照，此令／抄發原件，令仰知照。此致國民政府主計處、審計部。

計抄送／抄發江西三十二年度防疫計劃暨防疫經費概算表各二份

指令

令江西省政府

三十二年十一月廿三日呈，為補編三十二年度防疫計劃及概算，請另撥防疫經費二十萬元，以應急需，請核示由，呈件均悉，核數尚符應予分轉所請。另撥經費一節，應遵照亥東慶四電辦理，仰即知照。此令。

● **為奉令飭掃數撥發江西省三十二年度戰時特別預備金一案呈請鑒核由**

文號：渝國字 12904 號

日期：32 年 12 月 24 日

案奉鈞院三十二年十二月三日仁嘉字第 26623 號訓令。以據贛省府電稱本省奉准在戰時特別預備金項下動支追加防疫費二十萬元，因戰時特別預備金支用無餘，祈准另撥一案；除電復仍遵前電辦理外，仰將該省去年度戰時特別預備金提前掃數撥濟用等因。查該省本年度戰時特別預備金已連同其他項經費，于拾一月十九日一併飭庫掃數撥濟。奉令，前因理合呈請鑒核。謹呈行政院。

財政部部長孔祥熙

● 行政院來電紙

文號：A22824 號

日期：33 年 8 月 16 日

渝行政院長蔣：

密電。本省南城發現鼠疫，死亡頗多，疫勢日趨嚴重，現正加緊撲滅。惟本省財力有限，懇請援照浙閩成例，賜撥防疫經費一百萬元，以資防治並乞電示遵。

職曹浩森叩未銑印

● 江西電請撥照浙閩成例賜撥防疫經費一百萬元以資防治案

文號：A22824 號

日期：33 年 8 月 24 日

右案奉院長諭：「交衛生署於文到五日內核復。」相應通知衛生署。

行政院秘書長張厲生

● 行政院會計處用箋

本案擬照衛生署核議意見辦理。款准在縣市建設費項下撥發五十萬元，當否，乞示。

李振鷺　謹簽　9.13

● 奉交核議江西省政府電以南城鼠疫流行請援浙閩成例撥發防疫經費一百萬元以資防治一案復請察核轉陳由（衛生署公函）

發文號：卅三防 13299 號

日期：33 年 9 月 9 日

案准貴處本年九月一日渝四 A 字第 22824 號交議案件通知單。以江西省政府電請援照浙閩成例，撥發防疫經費一百萬元，以資防治一案，奉院長諭：「交衛生署於文到五日內核復。」等因；附抄送原電一件過署，自因遵辦。經查江西光澤早有鼠疫發現，本年年初復見流行，未幾平息，惟光澤南城相據僅壹百壹拾公里，旋被波及。本署前據贛省衛生處七月十五日電報共有二十八病例，蔓延正烈，嗣後未獲續告。惟八月上旬南城省立醫院逐報本署續有十八病例發現，本署前已調派醫療防疫總隊第三隊于七月中旬開抵南城協助防治。至贛省府電請援照閩浙兩省成案酌予撥發壹百萬元一節，經核閩省鼠疫流行多年，已形成地方性症，蔓延廣及五十餘縣市；浙省鼠疫雖屬未久，然南部重要城邑。如麗水、松陽、龍泉、廣元、景寧等縣均被蔓及。閩省前經核定撥發三百萬元，浙省核定撥發一百五十萬元（原經核定二百萬元，嗣後追加五十萬元）。贛省鼠疫地區究較上述兩省為小，擬請比照酌定撥發五十萬元，俾利進行。是否有當，相應復請察核轉陳為荷。此致行政院秘書處。

署長金寶善

● 行政院稿

文號：3177 號

日期：33 年 9 月 14 日

電

泰和江西省政府密未銑衛電悉，該省鼠疫防治經費准撥發五拾萬元，除分行外，特電知照行政院。

申銑渝四印

中央設計局用箋

屬生吾兄勛鑒：

敬啟者，頃接江西省政府衛生處方處長頤積文電，略稱本省南城發生鼠疫，勢甚嚴重，正在加緊撲滅中。惟本省本年度防疫經費僅列支十一萬餘元，不敷甚鉅，經省政府以未銑電呈行政院請援照浙閩成例撥發防疫經費一百萬元，迄未奉復，乞就便向中樞代陳困難，迅准撥發等語。查所稱確係實在，且需款孔急，現該未銑電想已到院，擬請吾兄惠予協助，俾能早日批復專款有著，易於因應而免蔓延至禱。耑此奉懇，順頌勛祺。

弟熊式輝敬啟　十月十六日

● 函覆江西省鼠疫防疫經費案（行政院秘書處稿）

文號：勇陸 22065 號

日期：33 年 10 月 20 日

便函

天翼先生勛鑒：

頃奉十月十六日惠書敬悉，一是關於江西省鼠疫防治經費，前據該省府未銑電頃到院，業經本院准在縣市建設

費項下撥發五十萬元，並於本年九月十六日已申銑渝四電復在案。知注特覆，敬頌勛祺。

弟張厲生　十月十八日

● 行政院會計處簽呈紙

文號：A 字第 24379 號

日期：33 年 12 月 23 日

查江西省南城鼠疫防治費，前經以義嘉字第 20008 號指令在縣市建設費內撥助五十萬元在案。茲據所稱該省除鼠疫已復蔓至南豐一帶外，近更發現肺鼠疫病，電懇再撥四百萬元，以資防止等語，擬先交衛生署核復再辦，當否，乞示。

李振鷺　謹簽

● 行政院來電紙

文號：A 字第 24379 號

日期：33 年 12 月 13 日

渝行政院代院長宋：

本省南城鼠疫已蔓延至南豐、金谿縣境，近更發現肺鼠疫病一流染確為可慮。地方財力枯竭，而防治不容稍緩，敬懇迅准再撥四百萬元，俾得加緊防治措施。謹電馳陳，並乞電示。

職曹浩森亥元衛印

● 行政院稿

文號：平嘉 1603 號

日期：34 年 1 月 23 日發出

電

泰和江西省政府密亥元衛電悉，該省南城鼠疫防治費，准再撥二百萬元。除報請核定外，仰切實辦理。

行政院子哿興四印

公函／訓令

核准追加江西省請增撥南城鼠疫費請查照轉陳核定由／仰知照由

令財政部

據江西省政府亥元衛電稱：「本省南城鼠疫已蔓延至南豐金谿縣境云云，抄至並乞電示。」等情；核屬需要，准再撥發二百萬元，除分行主計處、財政部暨電知查照轉陳核定為荷／報請國防最高委員會核定分行主計處、財政部查照。此致國防最高委員會秘書處、國民政府主計處。抄送／發本院代編追加預算一份

● 行政院會計處簽呈紙

文號：和字第 1236 號

日期：34 年 1 月 12 日

本案據衛生署核復稱以贛省請追加撥南城防疫費四百萬元確屬需要，並請先予撥發三百萬元，以利工作等情。查年度已過，需款似屬過鉅，所請擬准追加二百萬元，由院代編追加法案，並復。當否，乞示。

李振鷺

● 交議江西省懇再撥鼠疫防治費四百萬元一案應將核議意見函復由

文號：卅四防字第 430 號

日期：34 年 1 月 9 日

行政院秘書處勛鑒：准貴處卅三年十二月三十日渝四 A 字第 24379 號通知。以江西省電懇再撥該省南城屬疫防治費四百萬元案，奉諭交衛生署核復等因，抄發原電一件下署。查近據江西省衛生處處長方頤積電稱以贛省疫勢日益猖獗，近更發現肺鼠疫病例，職再往南城督導，惟防疫經費短絀，仍懇特請追加防疫費四百萬元，以利工作等情。本署前派專員范日新前往閩、贛兩省視察衛生工作，業已返渝。據面稱贛省近兩年來未始見鼠疫發生，視察所得該省鼠疫確由閩省邵武傳播而來。自抗戰軍興，閩省鼠疫輒沿公路線向贛、浙傳播，疫區日漸擴大。至卅三年九月中為止，該省發生鼠疫三縣份，已見南城、光澤、黎川、南豐等四縣。就南城一縣而論，卅三年六月份發病人數見廿七人，七月至九月底計一四一人，十月二二八人，疫勢漸蔓延，十一月上旬，患者廿九人，死十三人，中旬卅五人死十二人，情勢頗嚴重。卅三年度贛省府僅准列防疫事業費十一萬元，杯水車薪，實無濟於事等情。查所稱各節，當屬實情。贛省所請加撥防疫費四百萬元，確否需要？相應電請察核轉陳，賜予先撥江西省防疫費三百萬元，以利工作，並祈賜復為禱。

衛生署防卅四子佳印

● **江西省請增撥南城鼠疫防治費案**

文號：平嘉 1603 號

日期：34 年 1 月 22 日

衛生署勛鑒：

准貴處三十四年一月九日卅四防自第 430 號代電，核議江西省請增撥南城鼠疫防治費一案，經簽奉核准，再撥二百萬元；除由院代編追加預算轉報核定，並電復江西省政府，相應復請查照。

行政院秘書處子興四印

● **據江西衛生處請撥防疫費三百萬元等情應電請察核辦理賜復由**

文號：卅四防字第 5190 號

日期：34 年 4 月 16 日

行政院秘書處勛鑒：

案查本署前為核議江西省請增撥南城鼠疫防治費一案，經准貴處三十四年一月二十三日平嘉字第 1603 號代電，以此項防治費經簽奉核准，再撥二百萬元，並電復江西省府外，囑查照等由到署，經抄轉贛省衛生處知照在案。刻據江西省衛生處處長方頤積寅齊電稱：「敵寇深入本省，本處已遷寧都，照常辦公。現民眾遷移之後，疫病滋生，蔓延堪虞。本省前請鈞署轉請行政院撥發防疫費三百萬元，需用孔急，懇乞轉催速發。」等情。查贛省防治鼠疫需款孔急，自屬實情，相應電請督核辦理賜復為荷。

衛生署防 34 銑印

● 江西省鼠疫防治費案

文號：平嘉字 9030 號

日期：34 年 4 月 30 日

公函

查江西省請撥鼠疫防治費二百萬元一案，前經本院於本年一月廿三日以平嘉字第 1603 號公函代編追加預算，函請查照轉陳核定在案。茲據該省電，稱近日疫病滋生，此項防治費用亟待應用，懇予迅撥，以利工作等情。核自屬實，相應函請查照，迅予轉陳核定為荷。此致國防最高委員會秘書廳。

公函

准貴署卅四防字第 5190 號代電。為江西衛生處請迅予撥發防疫費三百萬元囑查核辦理等由。查此案前經奉准核撥二百萬元，並由院代編追加預算，報請核定在案。茲准前由，除由院再函國秘廳迅予轉陳核定外，相應復請查照。此致衛生署。

行政院祕書長張○○

● 摘行政院來電紙

文號：A 27476 號

日期：34 年 5 月 19 日

渝行政院宋代電：

贛省南城、光澤、黎川、南豐等縣地鼠疫流行，情勢嚴急，請賜速撥發省防疫經費，以利防治。

顧祝同辰文醫辰皓東發印

● 行政院稿

文號：平嘉字 47767 號

日期：34 年 5 月 29 日發

電

寧都江西省政府：

密。該省南城等地鼠疫防治費二百萬元，已飭財政部迅速撥發矣。

行政院辰豔興四印

電

鉛山三戰區顧長官密：

辰文醫辰皓電悉，贛省南城等地防疫費，前據該省電請已發二百萬元矣，特復。

行政院辰豔興四印

公函、訓令

核准墊撥該省南城等地鼠疫防治費二百萬元請查照由／仰知照由

令財政部

查增撥江西省南城等地鼠疫防治費二百萬元案，經以平嘉字第 1603 號公函報請核定並函達查照／飭知及分行在案。茲據三戰區顧長官辰文醫辰皓電稱：贛省南城、光澤、黎川、南豐等地鼠疫流行，情勢嚴重，請速賜撥發該省防疫費，以利防治等情，核屬實情，該項鼠疫防疫費查尚未奉核定。茲准先在本年度縣市建設費內墊撥，俟奉核定再行扣抵帳轉；除電復並分行外，相應函請查照／合行令仰遵照，迅速撥發為要。此致／此令，國民政府主計處／審計部。

● **奉核准墊撥贛省南城等地鼠疫防治費二百萬元一案**
　前經國防會核定並飭庫撥訖無庸在本年度縣市建設
　費內墊撥即希查照轉陳由

文號：庫四字 6922 號

日期：34 年 6 月 18 日

案奉鈞院三十四年六月二日平嘉字第 11767 號訓令。以
據三戰區顧長官電請速撥贛省防疫經費，以利防治一
案，該項鼠疫防治費尚未核定，准先在本年度縣市建設
費內墊撥，俟奉核定再行扣抵轉帳，飭遵照迅撥等因。
查前奉鈞院平嘉字第 1603 號訓令，追加贛省卅三年度
南城等縣鼠疫防治費二百萬元，業奉國防最高委員會
154 次常會核定，經於本年三月三日飭庫照撥在案，似
已無庸在本年度縣市建設費內墊撥。奉令前因，相應函
達，即請查照轉陳為荷。此致行政院秘書處。

財政部長俞鴻鈞

擬辦：查該項鼠疫防治費二百萬元，既經核定由部飭庫
　　　撥發在案。本件擬存。

李振鷺　謹簽　6.21

● **為前奉增撥本省防疫經費業經飭編具預算擬訂計畫**
　報由本府第 1773 次省務會議通過理合檢同原計畫
　暨預算呈請鑒核由

文號：會一字第 707 號

日期：34 年 8 月 31 日

案查前奉增撥本省防疫經費二百萬元一案，業經本府令
飭衛生處擬訂防疫計畫暨編造預算呈經本府交由財政廳

會計處會呈簽辦，並報由第 1773 次省務會議決定照簽
註意見修正辦理，並指飭遵照更正。去後，茲據該處衛
會字第 353 號呈送換編預算暨修正計劃到府，經核似尚
相符，除抽存外，理合檢同原呈防疫經費預算暨計劃各
七份，備文呈請鈞院鑒核示遵。謹呈行政院院長宋。

　　　　　　　　　　　　　　江西省政府主席曹浩森
計附本省防疫經費預算計劃各七份

動支中央增撥防疫經費二百萬元計劃書

　　查本省尚無鼠疫，係由鄰省蔓延而來。三十年福建
邵武發生鼠疫，延至本省光澤，嗣後連年雖時有發現，
均得及時撲滅。上年六月間南城發現鼠疫，蔓延各鄉，
一時情勢嚴重，又值敵寇竄擾江西，人民流離失所，飲
食起居均不安定，各種疫症隨之發生。

　　中央重視此項問題，增撥防疫經費二百萬元，以為
防治之用。茲南城鼠疫又有新病例，光澤亦發現死鼠，
此項疫症傳播極速度，處理稍一不慎，難免猖獗。而在
此（1）民智不開，每遇患疫輒多隱匿不報，甚或潛避
各地；（2）地區遼闊，無法嚴密封鎖，斷絕交通條件
之下，一經流行即蔓延至不可收拾，自應派遣人員撥給
防疫經費上緊防遏。但各地疫病如天花、霍亂、傷寒、
腦膜炎、回歸熱等項一經發生，死亡率極大，亦不可不
予顧及，擬購備藥械一批，藉免臨事周章。茲就此項增
撥防疫經費擬具動支計劃如下：

一、南城防治鼠疫費：南城鼠疫上年雖幸撲滅，本年續
　　有發現。該縣為長期防治統一事權起見，經成立南

城防疫處，月需經費二十萬元。查南城鼠疫問題關係全省，而且現為交通樞紐，該防疫處經費自應由省撥給，擬自一月起至六月止按月撥發二十萬元，其七月至十二月經費視疫情在新興事業費項下指撥，並由該處妥擬計劃呈核。

二、光澤防治鼠疫費：查光澤毘連福建邵武，曾經蔓延發生鼠疫，本年又復發現死鼠。允宜未雨綢繆，該縣為防治，計經成立防疫委員會，所需經費除由當地籌募三十萬元外，擬一次撥發二十萬元，以資補助。

三、購備防疫藥械：查本省歷年均有疫症發生，最普遍者如天花、霍亂、傷寒、腦膜炎、回歸熱、鼠疫等症，應針對歷年疫情早事購備藥械，擬以四十五萬元採購痘苗、各項疫苗、消發滅定暨注射針、穿刺品等項，以備寧都及其他各縣防疫之用。

四、派遣防疫人員：查防治疫症貴在情報確，故遇疫情報告亟需派人調查，如屬發生，縣衛生機構設備簡單，對於簡易治療注射及按期種痘等項目，可勉力應付。若疫症流行則人力、物力兩有不逮，故酌列旅運費以備派遣人員不時之需。

以上四項係就現時情形編擬計劃預算，但疫情變化有類軍事，不可預測，要須臨事應變，方免貽誤此項計劃預算。但疫情變動時，本處職責所在似應賦予隨時變更之權，庶免膠柱鼓瑟，貽誤民命。

江西省衛生處三十四年度防疫費預算分配表

歲出臨時門

科目名稱		預算數	說明
第一款	防疫費	2,000,000.00	
第一項	防治南城鼠疫費	1,200,000.00	購買疫苗血清注射品、穿刺針、噴霧器、消毒器、漂白粉、石碳酸、捕鼠器等，約計如上數。
第二項	防治光澤鼠疫費	200,000.00	購買疫苗血清注射品、穿刺針、噴霧器、消毒器、漂白粉、石碳酸、捕鼠器等，約計如上數。
第三項	藥械費	450,000.00	購備寧都及其他各縣臨時發生疫症所需藥械，如疫苗血清、注射器、穿刺針、噴霧器、消毒器、漂白粉、石碳酸、硫磺等，約計如上數。
第四項	旅運費	150,000.00	赴疫區調查及防治人員旅費、購買藥械運費及運送藥械至疫區運費等，約計如上數。
本款合計		2,000,000.00	

機關長官　方頤積

動支卅四年度新興事業費項下指撥防疫準備金二百萬元計劃書

查本省前奉中央增撥防疫經費二百萬元，業經遵照省政府指示，就南城、光澤等縣根絕鼠疫，及省會所在地之寧都預防時疫範圍，擬具動支計劃預算呈核。嗣因本省贛西南各縣遭敵竄擾，人民顛沛流離，各縣相繼發現疫病，疫區遼闊，防治需費復經本處簽奉省政府核准，在本年度新興事業費項下指撥二百萬元為防疫準備金，以備需要時應用。茲將此項防疫準備金撥具動支計劃如次：

一、南豐防治經費：本省南城鼠疫復發，南豐縣毘連南城應予防範，以免蔓延。頃據南豐汪縣長電報該縣已作預防準備，舉行防疫注射，屬行滅鼠所需經

費，已由縣自籌十萬元，惟仍不敷用，請由省撥補十萬元。茲擬撥補該縣防疫經費五萬元，由防疫準備金內撥給，飭即編造預算計劃呈候核撥。

二、補助永豐縣沙溪衛生分院藥費：本省永豐縣屬沙溪地方現遷駐省編機關甚多，計有民政廳、財政廳、審計處、會計處、合作管理委員會等五單位，員工眾多，業准財政廳函請本處派醫防隊前往預防時疫。惟因本處醫防隊均已派赴前線贛縣等地方工作，無法抽派，茲為保護公務員工健康，擬由省政府電令永豐縣政府將人口較少地方衛生分院遷設沙溪，辦理該地機關公務員工疾病治療，及防疫工作。除由本處撥給免費藥品外，並擬在防疫準備金內補助藥品費五萬元，由永豐縣政府編造預算請領。

三、南城防治鼠疫費：南城鼠疫復發，防治需費，該縣防疫處月需經費二十萬元，自本年一月份起，按月撥發，計應需二百四十萬元。除一至六月份應發之一百二十萬元，擬在中央增撥防疫經費二百萬元內撥發外，其七至十二月份經費一百二十萬元，擬在本省新興事業費項下所撥之防疫準備金二百萬元內撥給。

四、以上三項，計應動支經費一百三十萬元，尚餘七十萬元，擬予保留，暫不指定用途，專備防疫需要時應用。再，防疫工作須具有機動性，本計劃所擬動支防疫經費預算係就現時情形擬定，將來各地方疫情發生變化，仍准就實際情況隨時變更支配應用，俾資挹注而利防疫工作。

江西省衛生處卅四年度防疫經費預算分配表

事業歲出

科目名稱	全年度預算數	每月分配數		
		六月份	七至十一月份	十二月份
第一款　本處防疫費	2,000,000	100,000	316,000	320,000
第一項　防疫費	2,000,000	100,000	316,000	320,000
本款合計	2,000,000	100,000	316,000	320,000

說明：

（一）補助南豐防疫經費五萬元及補助永豐縣所屬沙溪衛
　　　生院藥費五萬元，擬自六月份動支，計如上數。

（二）南城防治鼠疫經費一百二十萬元即保留防疫費
　　　七十萬元，均自七月份起動支，每月分配數，
　　　合如上數。

　　　　　　　　　處長方頤積　會計主任黃植松
　　　　　　　　　中華民國卅四年六月五日編送

● **電復江西省衛生處擬具動支前奉增撥及該省指撥防**
　疫經費計劃書及預算案意見由

文號：署防（34）字第 19477 號

日期：34 年 12 月 10 日

行政院秘書處勛鑒：

准貴處三十四年十一月二十九日和玖字 46898 號通知。
以江西省政府呈送該省衛生處擬具動支，前奉增撥及該
省指撥防疫經費各二百萬元計劃書及預算案，奉諭交衛
生署核復等因；附抄送原呈暨附件各件到署。經核所擬
各項尚切實際，擬請准予備案，相應檢還動支「增撥經
費」、「指撥經費」計劃書預算各一份，至希查照轉陳

為荷。

衛生署防 34 亥灰印

二　行政院檔案
福建省防治瘧疾鼠疫臨時費概算並防治費用及防治情形

原案單位：行政院

轉移單位：行政院

典藏單位：國史館

● **呈為轉送福建省防治鼠疫臨時費概算書請鑒核存轉由**

文號：計字第 10503 號

日期：26 年 11 月 6 日

案查補助福建省防治鼠疫費歲出概算書，前奉鈞院令飭編造，下署當經咨請福建省政府查照辦理有案。茲准該省政府二十六年十月七日餘酉虞府計丙第 82950 號函開：「案查前准茲催編造補助本省防治鼠疫費三萬元概算，以便呈轉等由。經即轉飭本省防疫總所遵編。去後，茲據呈復以奉發軍事委員會補助之二萬元及由貴署轉請行政院准撥支三萬元合併作為五、六兩月份籌備費用概算書，請察核存轉前來查核列支各數，尚屬相符。除指令外，相應檢同原件茲請貴署查核存轉，並希等由。」准此，除茲復外，理合檢同原件，具文呈請檢核存轉，實為公便。謹呈行政院。

衛生署署長劉瑞恆

計附概算書四份

● 行政院簽呈用紙

文號：審字第 26253 號

日期：26 年 11 月 11 日

查前據福建省政府電為本省福清、仙遊等縣鼠疫流行，請撥款補助並派員攜帶藥品前往以資防治一案。前經飭據衛生署呈復以此項防疫工作約計需時半年，所有應需藥械人員薪水、旅費、辦公津貼等項費用共計約需五萬元，請特准撥助三萬元交財政部即予撥領，其餘二萬元責成福建省政府自行籌措，以便即行趕速防治等情；經提出本院第308次會議通過，令飭財政部及福建省政府遵照。嗣據財政部函陳，此項補助福建省福清、仙遊等縣防治鼠疫費三萬元，應追加二十五年度國家補助費歲出臨時預算，其財源已函主計處彙案商辦，請於衛生署歲出慨算編送到院時，先函主計處核轉等情，復經另飭衛生署趕速編造歲出慨算呈院核轉各在案。

茲據衛生署呈此項歲出慨算，已咨由福建省政府轉飭該省防疫總所呈復，已奉發軍事委員會補助之二萬元及本院核撥之三萬元，合併作為五、六兩月份籌備費用，編據慨算書呈由該省函送到署，檢件呈請鑒核存轉等情；查此案軍事委員會補助之三萬元，本院無案可稽，現在歲入方面既係依照本院決議案三萬元之數編列歲出慨算，自未便將此二萬元併入編為五萬元。擬將原慨算發還指令查照本院決議撥助三萬元原案，迅速重編送核，當否，乞核示。

聶德聲　謹簽　十一、十一

● 據呈為轉送福建省防治鼠疫臨時費概算書請鑒核存轉等情指令本院會決議補助三萬元數目重編（行政院稿）

文號：渝字第 348 號

日期：26 年 12 月 13 日

指令

令衛生署

二十六年十二月六日計字第 10503 號呈為轉送福建省防治鼠疫臨時費概算書，請鑒核存轉由。呈件均悉，此項追加概算，應照本院第 308 次會議決議補助三萬元數目編列。具軍事委員會補助三萬元，本院無案可稽，應飭另案辦理。仰即轉行遵照重編候核，原概算書發還。此令。

計發還原附概算書四份

● 呈送福建省政府檢送改編二十五年度五六兩月份防治鼠疫籌備費預算署請核辦由（內政部呈）

文號：渝會字第 000600 號

日期：28 年 4 月 27 日

案據衛生署二十八年四月十九呈稱：「案查關於閩省二十五年度防治鼠疫臨時費概算書前准福建省政府編送到署，當經呈奉行政院二十六年十二月十三日渝字第 348 號指令內開：『呈件均悉，此次轉加蓋算，應照本院第 308 次會議決議，補助三萬元數目編列，其軍事委員會補助之二萬元，本院無案可稽，應飭另案辦理。仰即轉行遵照重編後核，原概算書發還，此令。』等因，

遵即轉請改編去後，茲准福建省政府成亥府衛丙永第
97072 號函，轉據閩省防疫總所改編二十五年度五、六
月份籌備概算書，送請核發前來，除函復外，理合檢同
原件具文呈請鑒核存轉。」等情。據此，查該預算列數
核尚相符，惟二十五年度追加概算早經逾期。茲據改變
呈復補備法案究應如何補救之處，理合檢同原書呈請鑒
賜核辦，實為公便。謹呈行政院。

計呈送改編預算書六份

福建全省防疫總所二十五年度五、六兩月份籌備預算書

科目		預算數	備考
第一款	福建全省防疫總所籌備費	30,000.00	查本所廿六年五月一日開始籌備，七月一日成立，五、六兩月籌備，期間薪、公各費共支五萬元內由軍事委員會補助二萬元已經另編預算分呈備查。茲按行政院原撥三萬元就本總所暨各分所隊妥為分配。至軍事委員會補助支二萬元分配細數，並於備考欄內分別註明，合併陳明。
第一項	俸給費	5,114.00	
第一目	俸薪	3,094.00	
第一節	簡任官俸		總所長一員由中央簡派兼任，不另支薪。
第二節	薦任官俸	1,000.00	專員一員由中央遴派兼任，不另支薪；秘書一員，月支 180 元；技正二員，月支各支 160 元，五、六兩月共如上數。六月份增設技正一員，支俸 160 元，由軍事委員會補助二萬元額內開支合併附註。

科目	預算數	備考
第三節　委任官俸	1,170.00	技正四員，月支 100 元者一員，月支 80 員者二員，月支 60 元者一員；技佐四員，月支 55 元者一員，月支 50 元者三員；事務員一員，月支 60 員。五、六月共如上數。六月份增設技士一員，支薪六十元；增設事務員二員，支俸 80 元者一員，支俸 50 員者一員，共 190 元，由軍事委員會補助二萬元額內開支合併附註。
第四節　僱員俸	934.00	僱用技佐人員，月支 42 元者六員，月支 30 元者二員；雇員五員，月支四十元者一員，月支 30 元者三員，月支 20 員者一員，五六月共如上數。六月份增設僱用技佐一員支俸 40 員；增設雇員六員，支薪 40 員者三員，支薪 30 元者一員，支薪 25 元者一員，支薪 20 元者一員，共六百三十五元，由軍事委員會補助費三萬元額內開支合併附註。
第二目　餉項工資	2,020.00	
第一節　細項	1,960.00	工程隊員五十三名，月支 18 元者五名，月支 17 元者十六名，月支 15 元者十名，月支 14 元者二十二名；工程隊俠十六名，月各支 10 元。五六月共如上數。六月份增設工程隊員二十六名，支薪六員，支薪 40 員者三員，支薪 30 元者一員，支薪 25 元者一員，支薪 20 元者一員，共六百三十五元，由軍事委員會補助費二萬元額內開支合併附註。
第二節　工資	60.00	員六員，支薪 40 員者三員，支薪 30 元者一員，支薪 25 元者一員，支薪 20 元者一員，共六百三十五元，由軍事委員會補助費二萬元額內開支合併附註。
第二項　辦公費	7,736.00	
第一目　文具	443.00	
第一節　紙張	200.00	各項紙張月約一百四十元，五、六月共二百八十元內，除八十元由軍事委員會補助費二萬元額內開支合併附註。

科目		預算數	備考
第二節	筆墨	100.00	各項筆墨月約八十元，五六兩月共一百六十元，由軍事委員會補助費二萬元額內開支外，列如上數。
第三節	簿籍	80.00	各項簿籍月約八十元，五六兩月共一百六十元，內除八十元由軍事委員會補助費二萬元額內開支外，列如上數。
第四節	雜品	62.00	各項什品五月份支四十二元，六月份支七十元，共一百十二元，內六月份五十元由軍事委員會補助費二萬元額內開支外，列如上數。
第二目	郵電	120.00	
第一節	郵費	40.00	郵費月約三十元，五六兩月共六十元，內除三十元由軍事委員會補助費二萬元額內開支外，列如上數。
第二節	電費	80.00	電報電話月約七十元，五六兩月共一百四十元，內除六十元由軍事委員會補助費二萬元額內開支外，列如上數。
第三目	消耗	240.00	
第一節	燈火	20.00	電燈、煤氣燈、油燈各項燃料月約二十元，五六兩月共四十元，內除二十元由軍事委員會補助費二萬元額內開支外，列如上數。
第二節	茶水	40.00	茶葉及飲水料月約三十元，五六兩月共六十元，內除三十元由軍事委員會補助費二萬元額內開支外，列如上數。
第三節	薪炭	40.00	柴炭煤炭月約三十元，五六兩月共六十元，內除二十九元由軍事委員會補助費二萬元額內開支外，列如上數。
第四節	油脂	140.00	機車機件所需之油脂及汽車油、機油月約一百二十元，五六兩月共二百四十元，內除一百元由軍事委員會補助費二萬元額內開支外，列如上數。
第四目	印刷	800.00	
第一節	刊物	400.00	各項小冊畫本月約三百五十元，五六兩月共七百元，內除三百元由軍事委員會補助費額內開支外，列如上數。

科目		預算數	備考
第二節	雜件	400.00	各項傳單標語月約三百元，五六兩月共六百元，內除二百元由軍事委員會補助費額內開支外，列如上數。
第五目	修繕	2,050.00	
第一節	房屋	2,000.00	總所及各分所、隊辦公處所營繕各費共約三千元，內除一千元由軍事委員會補助費額內開支外，列如上數。
第二節	器械	50	各項器械修理費月約四十元，五六兩月共八十元，內除三十元由軍事委員會補助費二萬元額內開支外，列如上數。
第六目	旅運費	3,940.00	
第一節	旅費	2,500.00	由京及閩北調用人員之旅費及派赴各處工作人員出差旅費共約四千元，內除一千五百元由軍事委員會補助費二萬元額內開支外，列如上數。
第二節	車費	40.00	凡因公出差零星車費月約三十元，五六兩月共六十元，內除三十元由軍事委員會補助費二萬元額內開支外，列如上數。
第三節	運費	400.00	搬運器械藥品及疫苗一切運費月約三百二十元，五六兩月共六百四十元，內除二百四十元由軍事委員會補助二萬元額內開支外，列如上數。
第七目	雜支	1,134.00	
第一節	廣告	900.00	圖畫木牌牆壁圖畫及布標布幕刊登公報什誌共約一千七百元，內除八百元由軍事委員會補助費二萬元額內開支外，列如上數。
第二節	報紙	30	各種報紙月約二十元，五六兩月共四十元，內除二十元由軍事委員會補助費二萬元額內開支外，列如上數。
第三節	雜費	214.00	各項零星什費月約二百元，五六兩月共四百元，內除一百八十六元由軍事委員會補助費二萬元額內開支外，列如上數。
第三項	購置費	6,560.00	
第一目	器具	3,960.00	
第一節	傢具	1,000.00	各項傢具月約七百五十元，五六兩月共一千五百元，內除五百元由軍事委員會補助費二萬元額內開支外，列如上數。

科目	預算數	備考
第二節　器皿	200.00	各項器皿月約二百元，五六兩月共四百元，內除二百元由軍事委員會補助二萬元額內開支外，列如上數。
第三節　機件	2,000.00	發電機、冷藏器、幻燈機、打字機、寫字機共約三千八百元，內除一千八百元由軍事委員會補助費二萬元額內開支外，列如上數。
第四節　車輛	700.00	汽車一輛、腳踏車八輛約共一千二百八十元，內除五百八十元由軍事委員會補助二萬元額內開支外，列如上數。
第五節　雜件	60.00	各項零星什件月約五十元，五六兩月共一百元，內除四十元由軍事委員會補助二萬元額內開支外，列如上數。
第二目　器械	1,700.00	
第一節　捕鼠器械	700.00	捕鼠籠、捕鼠器等件共約一千二百元，內除五百元由軍事委員會補助費二萬元額內開支外，列如上數。
第二節　實驗器械	1,000.00	各種藥品實驗器材及顯微鏡等共約一千八百元，內除八百元由軍事委員會補助費二萬元額內開支外，列如上數。
第三目　服裝	700.00	
第一節　服裝	700.00	工程隊員及工程隊夫冬夏制服及手術衣、防護衣、膠皮靴等共約一千元，內除三百元由軍事委員會補助費二萬元額內開支外，列如上數。
第四目　圖書	200.00	
第一節　圖書	200.00	國內外圖書雜誌共約三百元，內除一百元由軍事委員會補助費二萬元額內開支外，列如上數。
第四項　特別費	10,600.00	
第一目　特別辦公費	600.00	
第一節　總所長特別辦公費	400.00	總所長一員由中央簡派兼任，不另支薪，月支特別辦公費三百元，五六兩月共六百元，內除二百元由軍事委員會補助二萬元額內開支外，列如上數。
第二節　專員特別辦公費	200.00	專員一員由衛生署聘德國專家兼任，不另支薪，月支特別辦公費一百五十元，五六兩月共三百元，內除一百元由軍事委員會補助費二萬元額內開支外，列如上數。

科目	預算數	備考
第二目　藥品疫苗	10,000.00	
第一節　疫苗	7,000.00	鼠疫苗二萬五千瓶約一萬二千五百元，其他疫苗約五百元，共一萬三千元，內除六千元由軍事委員會補助費二萬元額內開支外，列如上數。
第二節　藥品	3,000.00	滅鼠藥、消毒藥、治療藥、毒氣藥共約六千元，內除三千元由軍事委員會補助費二萬元額內開支外，列如上數。

總所長楊永年　會計潘泰馥

中華民國二十七年九月

● **簽呈用紙**

文號：律字第 6435 號

日期：28 年 4 月 28 日

查此項補助福建省防治鼠疫費三萬元，前經本院第 308 次會議決議通過，並令據財政部函陳應追加二十五年度國家補助費歲出臨時概算，其財源已函主計處彙案商辦，請於衛生署歲出概算編送到院時，先函主計處核轉等情；嗣據衛生署轉撥閩省府收軍委會補助之二萬元，連同本院籌備費編具概算呈請核轉前來。復經指令轉行重編概算候核各在案。

茲據來呈關於補備法案，既據財政部一度與主計處商辦。既在二十五年度國庫收支期限早經屆滿，應歸入何年度辦理，似可由主計處酌定。擬函請主計處查核辦理，並令知財政部暨指令。當否，請核示。

施萬農　謹簽　四、廿八

● 函送福建省防疫總所二十五年度五六月份籌備費概算請查核辦理（行政院稿）

文號：4654 號

日期：28 年 5 月 6 日

訓令／公函

令財政部

案據內政部二十八年四月二十七日渝會字第 660 號稱：
「案據衛生署二十八年四月十九日呈稱云云，呈請鑒賜核辦。」等情；查此項補助福建省防治鼠疫費三萬元前經本院第 308 次會議通過，並令撥該部陳能應追加二十五年度國家補助費歲出臨時預算，其財源已函主計處彙案商辦，請於衛生署歲出概算編送到院時，先函主計處核轉等情。嗣據衛生署轉撥福建省政府收軍事委員會補助之二萬元，速同本院准撥之三萬元合併作為二十六年五、六兩月份籌備費，編具概算呈請核轉前來，當以軍事委員會補助之二萬元應另案辦理，指令該署轉行重編概算候核各在案。茲據前情關於補備法案，既撥該部向主計處、貴處商辦。現在二十五年度國庫收支結束期限早經屆滿，應歸入何年度辦理應由、應請主計處、貴處酌定轉陳核辦除函請主計處查核辦理、令知財政部暨指令外合行檢發，相應檢同原概算令仰知照函請。此令查核辦理。此致國民政府主計處。

計檢發／送福建省防疫總所二十五年度五、六兩月份籌備費概算兩份

指令

令內政部

二十八年四月二十七日渝會第 660 號呈，送福建省防疫總所二十五年度五、六兩月籌備費概算請核轉由，呈件均悉，已函請主計處查核辦理，並令知財政部矣。此令。附件存轉。

● **據福建省政府主席陳儀電陳福建瘧疾鼠疫蔓延情形請撥款五十萬元及大批奎寧鼠疫苗等情希飭主管機關妥為籌劃救濟由**

文號：辦四（渝）字第 7790 號

日期：28 年 8 月 9 日

行政院孔院長勛鑒：

頃據福建省政府主席陳儀七月三十一日府衛甲世電，稱瘧疾為閩省最普遍厲害之疾病，全省一千二百萬人口中，染此病者過半數，而惡性瘧疾甚多，死亡率尤高，若不亟謀防治，影響抗戰甚大。關于防治方面之滅蚊工作，因面積過廣，非數十萬元莫辦；治療方面僅以奎寧丸論每人最少限度以十粒計，全省亦派六千餘萬粒。再閩省鼠疫歷年為患，現又蔓延達十五縣，死亡枕籍，誠極痛心，若不設法根除，亦足影響於抗戰。刻雖承衛生署撥助奎寧丸三十萬粒、鼠疫苗十餘萬公撮，然杯水車薪不敷應用。凡該防治瘧病、鼠疫均非本省財力所能及，懇賜五十萬元及大批奎寧鼠疫苗以利進行，並候電遵等語。查此等癘疫為災至堪憫念，又非僅給以金錢即可防制之事。希飭主管各部，妥為籌劃施行有效之救濟見復為荷。

　　　　　　　　　　　　　　（渝）中正辦四佳印

● **軍事委員會代電據福建省政府電陳該省瘧疫鼠疫蔓延情形請飭主管各部妥為救濟一案（行政院交議案件通知單）**

文號：律字第 13636 號

日期：28 年 8 月 12 日

右案奉院長諭：「交內政、財政兩部從速核議具復。」

相應通知內政、財政部。

附件：飭送軍事委員會代電乙件

● **行政院稿**

文號：呂 9277 號

日期：28 年 8 月 16 日

軍事委員會勛鑒辦四（渝）第 7790 號代電，誦悉救濟閩省瘧疾鼠疫災害一案，已飭內政、財政兩部從速核議具復。

　　　　　　　　　　　　　　　行政院銑印

● **關於閩省瘧疾及禁烟之報告請查照轉飭核辦見復（中國國民黨中央執行委員會秘書處函）**

文號：渝（28）機字第 12085 號

日期：28 年 9 月 5 日

案准戴委員愧生視察福建報告：（一）閩南各縣鼠疫流行已經月餘，閩西北各縣瘧疾尤為厲害，各部隊患者亦多。自海口被封鎖後，金雞納丸來源斷絕，各縣衛生院束手無策，請轉飭衛生署發金雞納丸百萬粒或五十萬粒，交福建省衛生處分發各縣以資救濟。（二）福建禁

烟尚不澈底，如禁烟限戒所給予煙民牌照，每日限購一錢，而土膏店雖一兩二兩亦不拒絕，甚至不持牌照之人買煙亦與交易，若不嚴厲限制，煙害終無肅清之日，相應函達即希查照轉飭主管機關核辦見復為荷。此致行政院。

● **中央執行委員會秘書處函轉戴委員愧生關於閩省瘧疾及禁煙報告請轉飭核辦一案（行政院交辦案件通知單）**

文號：律字第 15825 號

日期：28 年 9 月 16 日

右案奉院長諭：「交內政、財政兩部，並催速復。」相應通知內政、財政部。

查此案關於救濟福建省鼠疫及瘧疾災害部分，前准軍事委員會代電到院，經以律字第一六三六號通知奉交貴部及財政、內政部在案。為期已逾一月，請即速復以便辦理。

● **奉交辦中央執行委員會秘書處函轉戴委員愧生報告第一項關於救濟福建省鼠疫及瘧疾災害部份與前奉交軍事委員會辦四佳代電一案事由相同呈復辦理經過情形仰祈鑒核由**

文號：渝衛字第 000184 號

日期：28 年 10 月 11 日

案奉鈞院交下律字第 15825 號交辦案件通知單，為中央執行委員會秘書處函轉戴委員愧生關于閩省瘧疾及禁煙

報告，請轉飭核辦一案。查本案第一項關于救濟福建省鼠疫及瘧疾災害部份，與前奉交律字第 13636 號通知，准軍事委員會辦四佳代電，據福建省政府電陳該省瘧疾及鼠疫蔓延情形，請飭主管各部妥籌救濟一案事由相同。本部已准財政部函以福建省財力有限准予酌撥，函請轉飭衛生署迅擬有效防治辦法，並將所擬辦法及必須費用概算檢送，以憑核議等由。本部即參酌實際需要，擬具福建省防治瘧疾及鼠疫兩年計劃，及中央協助福建省衛生事業補助費第一、二年概算書等，現送請財政部會核，即行呈復鈞院。又查本年內本部已飭由衛生署先後撥贈福建省政府鼠疫疫苗十萬劑、氰化鈣一千五百磅，及奎寧丸三十萬粒各在案。除本案第二項關於禁煙部份另案呈復外，理合將辦理情形備文呈復仰祈鑒核。謹呈行政院。

內政部部長周鐘嶽

● **函復戴委員愧生視察閩省瘧疾及禁煙之報告本院辦理情形據呈復戴委員愧生報告第一次關于救濟福建省鼠疫及瘧疾災害部份辦理經過情形一案指令遵照由（行政院稿）**

文號：呂 12846 號

日期：28 年 10 月 17 日

公函

貴處本年九月五日渝（28）機字第 12085 號公函誦悉，戴委員愧生視察閩省瘧疾及禁煙之報告，經交據內政、財政兩部，茲據內政部呈復辦理情形到院，相應抄同函

件函達查照。此致中央執行委員會秘書處。

附抄送內政部原呈一件

指令

令財政部

本年十月十一日渝衛字第 184 號呈復戴委員愧生視察閩省報告，第一項關于救濟福建省鼠疫及瘧疾災害部份辦理經過情形由呈悉，已函達中央執行委員會秘書處仰祈知照。此令。

● **為奉交中央執委會秘書室函轉戴愧生原函福建禁煙部分經詳加核議呈請鑒核令遵由**

文號：渝禁壹字第 1214 號

日期：28 年 11 月 8 日

案准鈞院秘書長二十八年九月十六日律字第 15825 號通知，以中央執行委員會秘書處函轉戴委員愧生關於閩省瘧疾及禁煙報告請轉飭核辦一案，奉鈞諭「交內政、財政兩部並催速復」等因，抄送原函一件通知到部。准此，除原函第一項關於救濟福建省鼠疫及瘧疾災害部份已另文呈請鑒核外。茲查第二項關於福建禁煙設立限戒所，發給煙民牌照各節，並未經該省政府正式報告，僅據本部派委禁煙委員會調查員劉澄，於本年前赴該省視察禁政報告，略稱該省設立煙民限戒管理所一千一百餘所，分等徵收照證費，均應赴所購吸，雖屬為統治管理起見，但未實行憑照購售，流弊滋多等情。本部以此種戒菸所，既不憑照購售，即為變相煙館，應即一律撤銷並按各地煙民人數及吸量，規定土膏行店分期遞減辦

法，確定期限，將全省土膏行店分期抽籤遞減等語。於
二十八年十月十二日渝禁壹字第一零零四號，咨請福建
省政府查照辦理在案；至土膏店不憑照發售及無照煙民
吸食鴉片，均應依法分別懲處，擬請鈞院令行福建省政
府查照本部前咨辦理，並嚴飭各縣政府切實查禁，奉交
前因，理合將核議情形備文呈請察核令遵。謹呈行政院
長孔。

內政部部長周鐘嶽

● 國防最高委員會函為核定福建全省防疫總所補報二十五年度防治鼠疫籌備臨時費准予該作二十八年度追加概算請分令飭遵一案令仰轉飭遵照

文號：渝字第 629 號

日期：28 年 11 月 9 日

令行政院

為令飭事，案准國防最高委員會二十八年十一月四日國
議字第 1891 號函開：「准政府核准福建全省防疫總所
二十五年度防治鼠疫籌備臨時費請改作二十七年度歲出
追加概算一案，經交財政專門委員會審查，據報告稱：
『本案據列福建全省防疫總所籌備臨時費三萬圓，並據
說明福建省於二十五年度發現鼠疫，曾由中央撥款設所
防治，共撥五萬圓。除軍事委員會所撥三萬圓另案辦理
外，茲就行政院所撥三萬圓編送概算，本會審查僉以防
治鼠疫事關重大，此項防疫經費既經行政院會議通過，
自應補備法案。惟二十七年度國庫收支，現在亦已結
束，擬請改作二十八年度追加歲出如數核定。』等語，

提經本會第十八次常務會議決議，照審查意見通過。相
應錄案函達查照分令飭遵。」等由；准此，自應照辦，
除函復並分行外，合行令仰該院分別轉飭遵照。此令。

　　　　　　　　國民政府主席林森
　　　　　　　　行政院院長孔祥熙
　　　　　　　　監察院院長于右任
　　　　　　　　內政部部長周鐘嶽
　　　　　　　　財政部部長孔祥熙
　　　　　　　　審計部部長林雲陔

● 行政院稿

文號：呂字第 14868 號

日期：28 年 11 月 17 日

訓令

令財政、內政部

案奉國民政府二十八年十一月九日渝字第六二九號訓令
開：「為令飭事云云敘至此令。」等因；奉此，除分行
財政、內政部外，合行令仰遵照。此令。

簽呈用紙

文號：調字第 661 號

查前准軍事委員會代電，以據福建省政府主席陳儀電呈
該省瘧疾鼠疫蔓延情形，請撥發五十萬元及大批奎寧鼠
疫品以資防治一案，囑飭主管各部妥為籌劃有效之救濟
等由過院，經交內政財政兩部從速核議據報在案。茲據
該兩部核議呈復前來察核。該兩部以閩省因地理氣候關
係本為瘧區，鼠疫疫特別流行，雖經該省設法防治並經

中央撥款補助，終以經費未甚充實，衛生機關有欠健
全，未克收根絕之效。因飭據衛生署擬具福建省防治瘧
疾及鼠疫工作兩年計劃，以為澈底防治該省瘧疾及鼠疫
之計，自屬切要之圖，所擬計畫及概算亦尚核實，其每
年經費二十二萬元定為中央補助半數，其餘半數由該省
自籌。於中央及地方財力均以兼籌並顧，似尚可行，擬
提會通過後函請主計處查核辦理，指令該兩部知照並令
知福建省政府，及代電軍事委員會，當否，祈核示。

恆榮　謹簽　一、九

● 奉交軍事委員會代電關於福建省政府電陳該省瘧疾鼠疫蔓延情形請撥款救濟以資防治一案遵諭會同核議呈復仰祈鑒核示遵由

文號：渝會字第 1539、0002 號

日期：29 年 1 月 8 日

案奉鈞院交下軍事委員會渝辦四佳代電，據福建省政府
電陳該省瘧疾鼠疫蔓延情形，請飭主管各部妥籌救濟一
案。奉院長諭：「交內政、財政兩部從速核議具復」等
因；奉此，查閩省瘧疾以地理氣候關係本為瘧區，該省
鼠疫年來亦時時流行。自陳主席蒞閩以後對于衛生事業
特別重視，於省政府成立衛生處，掌理全省衛生事項，
經數載苦心擘劃進行，各縣均已成立成立衛生院或衛生
所；另行成立省衛生試驗所、防疫總所及防瘧隊等衛生
設施規模已備，機構亦全。奈以閩省財力有限，近受戰
事影響，經費更形困難，各衛生機關人員及設備均欠充
實，工作效率亦因此而不能發揮。是該省衛生設施，機

構已備，所缺僅經費以及技術上之問題。查兩年行政計劃衛生部份：（一）第四項第三條由中央儘量予各省以人才、經濟、醫藥器材之協助，以利統籌公醫制度之實施。（二）第九項防治地方特殊病症，第三條繼續防治福建鼠疫，均已有明確之規定，茲既經閩省電請救濟，中央自應酌核實際需要予以協助。本內政部已飭據衛生署就閩省現有之設施，及防治瘧疾鼠疫之需要，擬訂「福建省防治瘧疾及鼠疫工作二年計劃」及中央撥助福建省衛生事業補助費第一、二年概算各一份，其要點：（一）該省防治鼠疫之防疫所早經設立，惟以經費關係工作範圍縮小，擬每年補助九萬元，並同時擬請將該省防疫處取消，其經費合併成立閩南、閩北、閩西三防疫所，由該省衛生處直接指揮，積極推行滅鼠消毒及預防注射等工作以資劃一，而易收輔車相依之效。（二）該省各縣已成立衛生院者六十二縣，特種區衛生所六所，衛生網支機構已成，僅以醫藥器材缺乏，未能普遍醫療，擬每年補助醫藥器材費八萬元，由該省衛生處視各地情形分配補助之。現在材料昂貴，此款如悉數購買奎寧丸，為數亦屬有限。本內政部當飭衛生署如各方有捐贈之奎寧丸，能儘量予以分配協助。（三）關於瘧蚊鼠族跳蚤等生物學研究，閩省原有衛生試驗所可擔任此責，擬每年補助二萬元。（四）該省省款有限，欲聘任多數高級技術人員事實上仍感困難，擬補助技術人員薪給費每年三萬元。以上四項核實總計每年需國幣二十二萬元，兩年計四十四萬元，惟際茲抗戰時期，中央財政亦感支絀，擬照原訂補助金額，由中央撥助辦數。除著

由地方自籌是否可行，理合繕具工作計劃編造概算暨
分擔金額表各一份備文會同呈復仰祈鑒核示遵。謹呈
行政院。

附呈工作計劃概算分擔金額表各一份

　　　　　　　　　　　　　　　　內政部部長周鍾嶽

　　　　　　　　　　　　　　　　財政部部長孔祥熙

福建省防治瘧疾及鼠疫二年計劃

　　查福建省向為瘧區，據內政部衛生署統計以閩南一
帶流行最劇，約佔全人口數百分之二零·三五；閩北則
佔百分之一零·二五，平均約佔百分之二零左右。閩省
人口有一千二百萬，則患瘧者為二百四十萬人，其對於
人民體力減耗影響國民經濟尤甚。除一面設法提高民眾
知識水準及灌輸衛生常識外，更應積極改善環境衛生及
實施醫療救濟。而療治瘧疾之奎寧丸消耗最大，決非一
省財力所能辦到，況值此抗戰時期應儘先運用省有之各
級地方衛生機構，而協助多量要品材料，俾得擴大治療
範圍，當可獲相當成效。又查閩省鼠疫近六年來頗為流
行蔓延頗廣，達二十四縣之多，以閩南及閩北一帶之惠
安、蒲田、福清、仙遊、龍潭、漳平、晉江、永春、龍
溪、建甌、南平、古田、松溪、政和等十餘縣為最劇，
每年死亡數千人。雖迭經由行政院及軍事委員會撥款救
濟，並由衛生署派楊技正永年等技術人員前往協助，及
撥發大量疫苗藥品以防治鼠疫，均見成效。惟以閩省財
力有限，全省衛生機構雖略齊備，而內容尚欠充實，應
請中央撥助經費，藉茲補助俾獲擴充工作，早期撲滅不

特民眾直接受惠。對于抗戰建國前途，殊有重大影響也，爰擬防治福建省瘧疾及鼠疫工作二年計劃如次：

鼠疫預防注射及滅鼠滅蚤工作

施行普遍預防注射，以加強民眾免疫性為最切要。對於鼠族及傳病之跳蚤應予以根本撲滅，如改良房屋建築，房屋鼠穴之消毒蒸薰工作均為根本防治鼠疫之工作。

此項由防疫所及各縣衛生院擔任，並擬請中央補助三個防疫所藥品器械費（閩北、閩南、閩西各一所）每所每年三萬元，共計九萬元。為鼠疫疫苗及滅鼠滅蚤消毒等工作費用，兩年計共需十八萬元。

防瘧工作

防瘧工作除宣傳、研究、訓練等工作外，關於實施治療及預防，應由各縣衛生院所辦理之。所需奎寧丸及治療特種藥品、撲滅瘧蚊藥品等，擬由中央每年補助八萬元，視各縣流行情形分別酌撥，兩年計共需十六萬元。

研究工作

各地區流行病之起因以及如傳播瘧疾之蚊類，傳染鼠疫之鼠類跳蚤等，均有研究之必要，須有專門技術人員從事實地研究。

此項工作由該省衛生試驗所擔任，並擬請中央每年補助該所二萬元，以作研究設備、藥品購置等用，兩年計四萬元。

訓練工作及技術協助

擬首先訓練初級防疫補助人員（如學生、壯丁、保

甲長等），由各地縣衛生院、防疫所、巡迴醫療隊辦理
之。

對于全省防治瘧疾及鼠疫技術方面，必須任用專門
技術人員至少以十人計，平均每人月支二百五十元，合
計每年三萬元，兩年需六萬元。

宣傳工作

民眾對于疫病常識之有無關係於防疫進行至巨，亟
宜充分宣傳教育民眾，利用演講、幻燈、標語、圖畫、
小冊等，此為防疫之首要初步工作。

本項由省衛生處主持，並令各縣衛生院聯合當地
黨、政、軍、學、民機關團體聯合辦理之。

以上各項補助，每年共計二十二萬元，兩年共計
四十四萬元。

中央撥助福建省衛生事業補助費第一年概算書

項目		全年概算	備考
第一款	福建省衛生事業補助費	220,000 元	專供補助醫藥器材研究人員等用。
第一項	防疫所補助材料費	90,000 元	防疫三所每所每年補助材料費三萬元令知。
第一目	閩南防疫所補助材料費	30,000 元	
第二目	閩北防疫所補助材料費	30,000 元	
第三目	閩西防疫所補助材料費	30,000 元	
第二項	醫藥器材補助費	80,000 元	專供鼠疫、瘧疾所需之各縣衛生院設置醫藥器械之用。
第一目	醫藥器材補助費	80,000 元	

項目		全年概算	備考
第三項	省衛生試驗所研究補助費	20,000 元	專供鼠疫、瘧疾、跳蚤等之生物學研究。
第一目	省衛生試驗所研究補助費	20,000 元	
第四項	專門技術人員補助費	30,000 元	計十人每人平均年支三千元合如上數。
第一目	專門技術人員補助費	30,000 元	

中央撥助福建省衛生事業補助費第二年概算書

項目		全年概算	備考
第一款	福建省衛生事業補助費	220,000 元	專供補助醫藥器材研究人員等用。
第一項	防疫所補助材料費	90,000 元	防疫三所每所每年補助材料費三萬元令知。
第一目	閩南防疫所補助材料費	30,000 元	
第二目	閩北防疫所補助材料費	30,000 元	
第三目	閩西防疫所補助材料費	30,000 元	
第二項	醫藥器材補助費	80,000 元	專供鼠疫、瘧疾所需之各縣衛生院設置醫藥器械之用。
第一目	醫藥器材補助費	80,000 元	
第三項	省衛生試驗所研究補助費	20,000 元	專供鼠疫、瘧疾、跳蚤等之生物學研究。
第一目	省衛生試驗所研究補助費	20,000 元	
第四項	專門技術人員補助費	30,000 元	計十人每人平均年支三千元合如上數。

項目	全年概算	備考
第一目　專門技術人員補助費	30,000 元	

中央撥助福建省衛生事業補助費分擔金額表

年度	項目	全年概算數	中央補助數	地方自籌數
第一年	防疫所補助材料費	90,000 元	45,000	45,000
	醫藥器材補助費	80,000 元	40,000	40,000
	省衛生試驗所研究補助費	20,000 元	10,000	10,000
	專門技術人員補助費	30,000 元	15,000	15,000
	共計	220,000 元	110,000	110,000
第二年	防疫所補助材料費	90,000 元	45,000	45,000
	醫藥器材補助費	80,000 元	40,000	40,000
	省衛生試驗所研究補助費	20,000 元	10,000	10,000
	專門技術人員補助費	30,000 元	15,000	15,000
	共計	220,000 元	110,000	110,000
總計		440,000 元	220,000	220,000

● **院會通過福建省防治瘧疾及鼠疫二年計劃中央補助概算書及分擔金額表。函請查核辦理公函由／電請查照代電由（行政院稿）**

文號：陽字第 1290 號

日期：29 年 1 月 20 日

公函

福建省政府電陳該省瘧疾鼠疫蔓延情形請予救濟一案，經飭據內政、財政兩部呈擬福建省防治瘧疾及鼠疫二年計劃、中央撥助事業補助費概算書及分擔金額表等件，提出本院第 448 次會議決議：「通過。」除分行外，相應抄同原件函請查核辦理。此致國民政府主計處。

附抄送內政財政兩部會呈一件，原計劃、概算及分擔金

額表各二件

指令

令財政、內政部

二十九年一月八日渝二號會 1539 號公函財政、內政部
呈核議福建省政府電陳該省瘧疾鼠疫蔓延情形，請予救
濟一案，擬具計劃及補助概算及分擔金額表等件，請
核示由，呈件均悉，案經提出本院第448 次會議決議：
「通過。」已函請主計處查核辦理；令飭福建省政府遵
照；代電軍事委員會查照，並令知財政、內政部仰即知
照。又所有防治工作，應由衛生署切實監督辦理並仰
知照。

此令

訓令

令福建省政府

該省政府電陳該省瘧疾鼠疫蔓延情形請予救濟一案，業
准軍事委員會代電轉送過院。經飭據內政、財政兩部呈
擬福建省防治瘧疾及鼠疫二年計劃、中央撥助事業補助
費概算書及分擔金額表等件，提出本院第 448 次會議決
議：「通過」。至所有防治工作，應由衛生署切實監督
辦理。除指令並分行外，合行抄發原件令仰知照。

此令

附抄發內政、財政兩部會呈一件，原計劃、概算及分擔
金額表各一份

代電

軍事委員會

該省政府電陳該省瘧疾鼠疫蔓延情形請予救濟一案，經

飭據內政、財政兩部呈擬福建省防治瘧疾及鼠疫二年計劃、中央撥助事業補助費概算書及分擔金額表等件，提出本院第 448 次會議決議：「通過。」至所有防治工作，應由衛生署切實監督辦理。除指令該兩部知照，令知福建省政府暨函請主計處查核辦理外，特抄同原件電請查照。

　　　　　　　　　　　　　　行政院哿印

附抄送內政、財政兩部會呈一件，原計劃、概算及分擔金額表各一份

● **國防最高委員會核定福建省防治瘧疾及鼠疫補助經費二十九年度歲出臨時追加概算請查照飭遵等由令轉飭遵照**

文號：渝文字第 314 號

日期：29 年 3 月 30 日

令行政院

為令飭事，案准國防最高委員會二十九年三月二十五日，國議字第 7788 號函開，「准政府核轉內政、財政兩部會呈，擬具福建省防治瘧疾及鼠疫二年計劃，並請中央補助經費，造送二十九年度歲出臨時追加概算一案，經交財政專門委員會審查，據報告稱本案經開會審查，僉以福建省瘧疾鼠疫蔓延甚廣，茲應早日撲滅以保人民健康。該主管內政、財政兩部遵奉院令擬具防治工作二年計劃，並分別造送第一、第二兩個年度衛生事業費概算各二十二萬圓，請由中央撥助半數，餘由地方自籌，尚屬允協。除三十年度補助費一十一萬圓已據主計

處聲明彙編該年度總預算外，二十九年度補助費一十一萬圓，擬請核定即在中央總預備金項下動支等語。提經本會第二十八次常務會議決議，照審查意見通過，相應錄案函達查照分令飭遵。」等由；准此，自應照辦，除函復並分行外，合行令仰該院分別轉飭遵照。

此令

　　　　　　　　　　　　國民政府主席林森
　　　　　　　　　　　　行政院院長蔣中正
　　　　　　　　　　　　監察院院長于右任
　　　　　　　　　　　　內政部部長周鐘嶽
　　　　　　　　　　　　財政部部長孔祥熙
　　　　　　　　　　　　審計部部長林雲陔

● **行政院會計處稿**

文號：陽字第 6819 號

日期：29 年 4 月 6 日

訓令

令內政、財政部

案奉國民政府二十九年三月三十日渝文字第 314 號訓令開：「為令飭事云云至合行令仰該院分別轉飭遵照。」等因；奉此，除分行財政、內政部外，合行令仰遵照。

此令。

● 行政院來電紙

文號：A8559 號

日期：30 年 5 月 21 日

擬辦：擬交衛生署會同財政部核議

渝行政院長蔣：

查本省 29、30 兩年防治瘧疾及鼠疫工作，前奉中央補助經費經遵照頒定計劃，並參酌地方實際情形分別積極推進實施，已達成效頗著。策以地方特殊傳染病為患以深，且流行區域約遍全省。撲滅期尚有待 31 年度起，擬請中央仍賜繼續補助防治經費年一百萬元，俾經費充實而收速效。當否，乞核示。

職陳儀叩衛丙永皓印

● 福建省政府電請自卅一年度起繼續補助防治瘧疾及鼠疫經費一百萬元（行政院交議案件通知單）

文號：A8559 號

日期：30 年 5 月 26 日

右案奉院長諭：「交衛生署會同財政部核議。」除分函外，相應通知財政部、衛生署。

● 行政院會計處簽呈用紙

文號：忠字第 18902 號

前據福建省政府電請於三十一年度繼續補助乾省防治瘧疾及鼠疫經費一百萬元一案，經交衛生署會同財政部核議在案。茲據先後復稱請轉飭補送計劃及預算，以憑合議等語。

查三十一年度各省收支，已決定改由中央統籌辦理。該省所請繼續補助一節似可毋庸置議，擬電復該省政府飭即編入三十一年度行政計劃及概算併候核定，應由處函知財政部、衛生署。當否，乞核示。

沈成　謹簽　8.18

● 關於奉院交核閩省請增防疫經費一案據衛生署函先行復請查照由

文號：31592 號

日期：30 年 8 月 3 日

案查前准貴處三十年六月三日A字第 8559 號通知，以福建省政府電請字三十一年度起繼續補助防治瘧疾及鼠疫經費壹百萬元一案，奉諭：「交衛生署會同財政部核議。」等因；計抄附原電一件到部。查此案經函准衛生署函復以原案未附具詳細計劃無須核議，業於六月二十七日以卅防字 9301 號函請貴處特屬閩省府補送計劃及預算在案，俟到署後再行主稿會復等由，相應先行復請查照為荷。此致行政院秘書處。

財政部部長孔祥熙

● 准通知屬核議閩省所請于三十一年度繼續補助防治瘧疾鼠疫經費一節復請查照轉陳由（衛生署公函）

文號：卅防字第 9301 號

日期：30 年 6 月 27 日

案准貴處三十年六月三日發 A 字第 8559 號通知，以福建省政府電請字三十一年度起繼續補助防治瘧疾及鼠疫

經費壹百萬元一節，奉院長諭：「交衛生署會同財政部核議。」等因；抄原電一件等由。准此，查福建省鼠疫及瘧病均極流行，抗戰期間後方防治工作尤應加緊處理，所請于三十一年度繼續由中央補助防治經費一節確切需要。惟所請補助款數為壹百萬元，並未將詳細計劃及預算送來，故無從審核，擬請轉屬福建省政府補送計劃及預算以憑辦理，特函復查照轉陳為荷。此致政院秘書處。

署長金寶善

● **行政院秘書處稿**

文號：勇會字 12883 號

日期：30 年 8 月 26 日

箋函

貴部、署本年六月二十七日、八月三日卅防字第 9301 號、庫渝字第 31592 號公函誦悉，福建省政府電請於三十一年度繼續補助該省防治瘧及及鼠疫經費一百萬元一案，經由院以「三十一年度各省收支，已決定改由中央統籌辦理。該省所請繼續補助防治瘧疾及鼠疫經費一節，仰即編入三十一年度行政計劃即概算併候核定。」等語，電復知照。相應函達查照。此致財政部、衛生署。

代理行政院秘書長蔣

● **行政院稿**

文號：勇會字12883 號

日期：30 年 8 月 26 日

電

永安陳主席：

密。五月衛丙永皓電悉，（31）年度各省收支已決定改由中央統籌辦理。該省所請繼續補助防治瘧疾及鼠疫經費一節，仰即編入（31）年度行政計劃及概算，並候核定。

行政院馬計二印

● **呈送本省三十一年度防疫事業計劃並衛生事業計劃及概算書等件請准予繼續補助本省防疫及治瘧經費壹百萬元編入三十一年度本省經費預算以便執行敬候示遵由**

發文號：會（30）5854 號

日期：31 年 10 月

查本省以地方特殊傳染病為患已深且流行區域幾遍全省，過去以限於人力財力未能盡數撲滅，永絕根株，其影響戰時地方秩序，耗損國家元氣者至鉅。茲為廣事防治計曾經遵照中央頒定廿九、三十兩年防治本省瘧疾及鼠疫計劃並參酌實際需要。於本年五月皓巳電請鈞院准予繼續補助本省三十一年防治經費，年計壹百萬元。旋奉鈞院馬訓二井電飭以三十一年度各省收支，已決定改由中央統籌辦理。該省所請繼續補助防治瘧疾及鼠疫經費一節，仰即編入三十一年度行政計劃及概算併候核定

等因。奉此，自應遵辦。此外，本省衛生事業在三十一年度尚有擴充之必要者，如擴展製藥廠機構、衛生材料廠購備大批要械，增撥省立醫院建築費、省立永安醫院增建 X 光室、外科手術室及普通病房，籌設省立龍岩醫院等五項經費概算，計壹百零三萬五千元，均分別擬具計劃及概算書，隨文呈請鈞長察鑒准予核定編入本省三十一年度經費概算，以資肆應而利進行。當否，敬後示遵。謹呈行政院院長蔣。

計附呈本省三十一年度防疫事業計劃並衛生事業計劃及概算書各三份

福建省政府主席劉建緒

福建省政府三十一年度衛生事業擴充計劃

第一部份　普通政務計劃

計劃概要

壹、衛生事業擴充

一、增加衛生處製藥廠資金

（一）過去概要

本省于民政廳衛生科內設置製藥室，目的為急用本省原料、提倡製藥事業，而供醫療上之使用。同時本省各衛生機關逐漸成立，需用藥械至鉅，故並備置藥品材料以供給之。二十七年改稱為福建全省衛生處製藥室，二十八年改室為廠。因業務日趨發展，資金逐年增加，迄三十年度資金總額為十六萬四千元。現有出品，都一百三十餘種，以化學製品為主要，製劑次之，附屬製造品又次之。廿九年度全年營業總額為四十三萬

五千五百餘元，歷年均有盈餘。至于機構方面，現分製造、設計、營業、總務及庫房五部，全體員工計一百餘人。惟查省衛生事業逐年進步，需用藥品亦日漸增多，尚有供不應求之勢。

（二）計劃要點

　　本年度為適應需要、增加產量起見，擬增撥該廠資金二十萬元，連同原有資金為三十六萬四千元。其增撥資金，擬一部添購下列機器：小型蒸氣鍋爐（能供三十萬匹力發動機用）、二十匹馬力蒸氣發動機一具、蒸氣抽水機一具、木炭瓦斯發生爐一具、材料汽車一輛；一部為流通資金，專作購買原料週轉之用。至該廠卅一年度預定工作如下：（1）安瓿部─應製成小型安瓿注射液（100、400）三十七萬五千支、中型安瓿注射液（500、1000、3000）三萬支、大型安瓿注射液（30000、50000）二千支。（2）丸錠部─應製成丸或錠一千二百萬粒。（3）酊膏部－應製成酊或膏四萬五千瓶（每瓶五百公分）。（4）化學製造部－分為三組（a）研究組，研究範圍：研究備製維生素、樟腦水溶液、絆創膏防巳素、再生橡皮、木材乾油、苦什製品、生物製品、其他。（b）檢驗組，工作範圍如下：化學鑑定，生物實驗、細菌檢查。（c）化工組，工作範圍如下：精製食鹽、昇華硫礦、精製樟腦、糠油■……油、除蟲菊製品、硫肝土鹹、精製松香、草酸蛋白、咖啡因。（d）織造部：應製棉花五千公斤、脫脂紗布五千公斤、繃帶布（一百市尺）一千疋。再該廠除自製外，另購儲相當之藥品、材料轉售本省各縣區及鄰

近外省之用。

二、購儲藥品材料

（一）過去概況

　　本省地近熱帶，民眾患病者甚多。現在全省現區衛生機關已有一百六十餘處。廿九年間向福建省銀行息借四十萬元，購儲藥品材料交新生處材料廠保管分配，以免中斷。同時復購進補充，使原有數量得以保持。

（二）計劃要點

　　三十一年度起，省財政計劃歸中央，前項購儲藥品材料款，擬由國庫負擔，將來藥品材料全部售清後，此四十萬即可如數解繳國庫。

（三）計劃進度及概算對照表「附後」。

三、添建省立醫院病房及教室宿舍

（一）過去概況

　　省立醫院院址設在南平，地當本省水路交通要道。每日門診病人在數百以上，住院病人亦多，原有病房已不敷容納。又該院附設護士學校，三十一年度須添招新生、教室宿舍，均須增建，方敷應用。

（二）計劃要點

　　擬添建普通病房一座、教室二間、宿舍一座，共須建築費七萬元。

（三）計劃進度及概算對照表「附後」。

四、補充省立永安醫院設備

（一）過去概況

　　省立永安醫院院址，原屬民房，規模不大，外科手術室因陋就簡，不堪甚適用，原有 X 光室被敵機炸

毀。現因永安人口激增，該院門診病人平均日在數百左右，住院病人亦隨之而增，原有病房不敷容納。至X光室、外科手術室及普通病房，均有添建必要。

（二）計劃要點

擬建築X光室、外科手術室一間，普通病房一座，使病人能得到更合理的治療，其建築費以四萬五千元為限。再該院原有病房設備，如被褥、蚊帳、病人衣服等。因使用時間已久，大部破壞不堪應用，連同新建病房設備，最低限度需二萬元。

（三）計劃進度及概算對照表「附後」。

五、籌設省立龍岩醫院

（一）過去概況

本省沿海至內地幹路，計有三條，一為福州至南平，二為晉江至永安，三為龍溪至龍岩。本省衛生計劃亦擬在南平、永安、龍岩三地各設省立醫院一所，以便接濟前方及附近衛生院之不足。現在南平、永安省立醫院業已先後成立，而龍岩尚付缺如，自應籌設以利民眾。

（二）計劃要點

籌設六十床位之龍岩省立醫院開辦費部份，院址建築約二十萬元，器械藥品約十萬元，其他設備以八萬元為限。該院組織及其經費費用均參照其他省立醫院辦理。

（三）計劃進度及概算對照表「附後」。

衛生事業擴充計劃進度及概算對照表

計劃部份			概算部份				
計劃類別	計劃項目	分期進度	國庫負擔	其他	每期支付合計	每項支出合計	每類支出合計
衛生事業擴充	增加醫藥廠資本	一月份起開始添購機器出品按月完成預定數量	200,000 元				
	購儲藥品材料	依消耗數量隨時購建補充使原有數量得以保存	40,000 元				
	添建省立醫院病房及教室宿舍	三十一年度四月底全部建築完成	70,000 元				
	補充省立永安醫院設備	建築及設備均限三十一年度四月底全部完成	45,000 元				
	籌設省立龍岩醫院	建築部份三十一年程度五月底以前完成購置設備六月底完成七月起開所診	374,450 元				

福建省政府三十一年度防疫事業計劃

第一部　普通政務計劃

計劃概要

壹、防疫

一、繼續研究和調查

（一）過去概況

　　本省防治鼠疫，除消極方面遇疫堵防外；積極方面，早期關於鼠疫流行之歷史之調查，鼠族蚤類之研究亦靡不悉心探討，以為設計防治之張本，惟以人力、財力不足，尚不能全部完成。

（二）計劃要點

　　預定設立固定研究室一所、巡迴鼠疫研究組一組，辦理下列事項：（1）繼續研究鼠疫流行分布及鼠蚤類種。（2）實地推行審編研究貓對鼠疫之消長關係。（3）營養學之研究改善，以便觀測人類對傳染病之感染力及抵抗力有無變化。擬以三萬元添置研究器材，實地研究調查所需奉給、旅褓費用約三萬元。

（三）配合計算表

必備條例	預定數字		配合數字				決定數量
	質	量	已有數字		可得數字		
			數字	供給機關	數字	供給機關	
人員	技正	2人			2	添聘	2人
	技士	3人	1	本省衛生機關調查	2	新委	3人
	技術員	4人	2	本省衛生機關調查	2	新委	4人
	技工	6人	無		6	招考訓練	6人
經費	國幣	50,000元				國庫撥給	50,000元
物料	顯微鏡	二具	無			採購	
	其他物料	擇要採購	無			採購	

（四）計劃進度及概算對照表（附後）

二、添購防疫器材

（一）過去概況

　　本省防疫器材，如捕鼠籠夾、各項消毒器及防疫應用各項重要器材等，年來因財力及海口封鎖關係，未能大量添購，原有者多已損壞，亟待補充。

（二）計劃要點

　　擬一次設法向外採購大量必須器材，如事實可能，多採購原料或就本省取財設法自製，如捕鼠籠夾及各種檢疫消毒用器，以上七萬元為補充限度。

（三）計劃進度及概算對照表（附後）

三、購儲防疫藥品

（一）過去概況

　　本省每年鼠疫流行，均極猖獗。瘧疾亦每年不斷流行，此項防疫抗瘧藥品，過去雖一部得中央補助，一部由本省購置，因消耗至鉅時感不充，防治效力自受相當影響。

（二）計劃要點

　　為防治兼施起見，舉凡防治所用藥品，如檢驗消毒、抗瘧滅蚊藥品、各種預防用痘苗、疫苗及治療用品等均酌予購儲，擬以十萬元為限。

（三）計劃進度及概算對照表（附後）

四、實地防疫工作費

（一）過去概況

　　本省各縣衛生機關對于防疫設備尚未達建全地步，每遇疫癘流行，稍形嚴重時需省方派專人前往防治，故

防治鼠疫尚不能完全由地方衛生機關擔任。三十年度南平、永安發生鼠疫，均由省庫臨時撥款防治，計費三萬餘元。

（二）計劃要點

擬以四萬元分配三個重要鼠疫流行區域，實地防疫工作之用，著重於檢疫、預防接種消毒及病人方面工作。

（三）計劃進度及概算對照表（附後）

五、防疫人員旅費

（一）過去概況

每當各地疫癘流行，均由省衛生處或省防疫機關調派人員隨帶藥械前往防治，所需旅費至鉅。三十年截至九月間止，業經花用三萬元左右。

（二）計劃要點

調派防疫人員之旅運費，如數目較鉅，而非本機關耗費內旅費項下所能容納時，由此項防疫旅費內支。為使防疫工作不因旅費而生阻礙，旋參照三十年度支應情形，酌列五萬元。

（三）計劃進度及概算對照表（附後）

六、設立省立傳染病院

（一）過去概況

本省于三十年一月接收衛生署醫療防疫總隊第九防疫隊，惟衛生處防疫醫院以經費關係，規模不大。永安于六月間鼠疫流行時，設立一臨時隔離醫院，後隨疫止而結束。

（二）計劃要點

　　永安為省政府所在地，人口激增。三十年度既有鼠
疫流行，三十一年難免再發，倘無隔離病院設備，一旦
疫發，療檢殊感棘手，擬設立一傳染隔離病院，設病床
五十架，置較好之消毒設備，平時收容一般傳染病人，
鼠疫流行時可作為隔離及及收容病人之用；建築設備之
經常費，擬以二十五萬元為限。

（三）計劃進度及概算對照表（附後）

七、改進環境衛生

（一）過去概況

　　改進環境衛生，其目的為預防鼠疫瘧疾及其他
■……專款，不能作有系統之推動，雖曾擇要飭縣辦
理，■……難，無法澈底推進。

（二）計劃要點

　　改善環境衛生，需費浩大，本年度擬先由永安、南
平辦理，如滅鼠工程、流浚溝渠、填塞池塘、飲水消
毒、改良水井等項以供各地觀摩，逐漸推及全省，預計
需費十二萬元。

（三）計劃進度及概算對照表（附後）

八、擴充地方消毒設備費

（一）過去概況

　　三十年度曾由中央補助本省設立滅蝨治疥站七所，
但設站各地人口眾多，不足以應需要，且嫌設備簡陋，
難供防疫消毒之利用。

（二）計劃要點

　　本年度擬充實原有七所之設備，使能利用為鼠疫流

行時消毒之用，每所擴充費以五千元為標準，共備三萬五千元。

（三）計劃進度及概算對照表（附後）

九、繼續辦理防疫大隊

（一）過去概況

　　本省于二十九年七月設立防疫所七所，辦理全省防疫事宜。三十年度八月份起，應事實之需要，調整機構，將第四、五、六、七防疫所裁撤，另成立一防疫大隊，下設三隊，每隊設醫務、工程、檢驗三組，大隊部設于永安。

（二）計劃要點

　　本年度仍照原定計劃繼續辦理，一面訓練防疫技術，各地發生疫情隨時調派人員防治，其經費擬定八萬五千元。

（三）計劃進度及概算對照表（附後）

十、繼續辦理抗瘧工作

（一）過去概況

　　本省為瘧疾流行區域，為東南各省之冠，歷年雖曾從事於滅蚊、抗瘧供作，然因經費有限，不能澈底肅清，僅就可能範圍，改良一般環境，如填塞或疏通溝渠，撒油噴藥及免費治療患瘧貧苦病人。

（二）計劃要點

　　本年度擬調查瘧疾分布狀況、研究蚊蟲種類，設計改善環境，推動使用蚊帳運動，酌予普及免費治療及其他關于滅蚊、抗瘧工作等，擬定經費二十萬元。

（三）計劃進度及概算對照表（附後）

防疫事業計劃進度及概算對照表

計劃部份			概算部份			
計劃類別	計劃項目	分期進度	國庫負擔		其他	
			概算書款項別	金額	來源	金額
防疫	繼續擴充調查	第一期調查鼠疫流行研究鼠蚤種族（二）推行畜貓調查物產研究對于傳染病關係		50,000 元		
	添購防疫器材	一次向外採購必要時購料自製		70,000 元		
	購儲防疫藥品	（一）訂購藥品（二）定製痘苗疫苗及各種血清		100,000 元		
	實地防疫工作費	定期預防接種並實施檢疫及消毒		40,000 元		
	防疫人員旅費	準備派遣人員隨時支用。		50,000 元		
	設立省立傳染病院	（一）設計（二）建築（三）購置設備（四）開始收容		250,000 元		
	改進環境衛生	（一）依計改進永安環境（二）依計改進南平環境		120,000 元		
	擴充地方消毒設備	（一）設計改建（二）充實設備		35,000 元		
	繼續辦理防疫大隊	訓練技術隨時派遣各縣協防各種傳染病		85,000 元		
	繼續辦理抗瘧工作	（一）調查瘧疾流行（二）研究蚊族（三）設計滅蚊及治療		200,000 元		

福建省政府三十一年度衛生事業擴充歲出概算書

歲出特殊門

科目	名稱	本年度概算數
第一款	衛生處製藥廠資本支出	200,000.00
第一項	增加資本	200,000.00
第一目	增加資本	200,000.00
第一類	增加資本	200,000.00

歲出特殊門

科目	名稱	本年度概算數
第一款	衛生處購儲藥品材料費	400,000.00
第一項	購儲藥品材料費	400,000.00
第一目	購儲藥品材料費	400,000.00
第一類	購儲藥品材料費	400,000.00

歲出經常門臨時部份

科目	名稱	本年度概算數
第一款	省立醫院	70,000.00
第一項	建築費	70,000.00
第一目	建築費	70,000.00
第一類	普通病房建築費	40,000.00
第二類	附設護士學校教室建築費	30,000.00
第二款	省立永安醫院	65,000.00
第一項	補充設備	65,000.00
第一目	建築費	45,000.00
第一類	X光室建築費	5,000.00
第二類	外科手術室建築費	10,000.00
第三類	普通房屋建築費	30,000.00
第二目	其他設備費	20,000.00
第一類	病房設備費	20,000.00

歲出經常門臨時部份

科目	名稱	本年度概算數
第一款	省立龍岩醫院	300,000.00
第一項	開辦費	300,000.00
第一目	開辦費	300,000.00
第一類	房屋建築費	120,000.00
第二類	醫療器械	60,000.00
第三類	藥品材料	40,000.00
第四類	其他設備	80,000.00

歲出經常門臨時部份

科目	名稱	本年度概算數
第一款	省立龍岩醫院	74,450.00
第一項	本院經費	74,450.00
第一目	本院經費	74,450.00
第一類	俸給費	52,072.00
第二類	辦公費	18,790.00
第三類	購置費	1,500.00
第四類	特別費	2,088.00

「註」：本概算以七月一日起計算

● **據福建省政府呈送本省卅一年度防疫苗案計劃並衛生事業計劃及概算等件請准予繼續補助本省防疫及治瘧經費一百萬元編入卅一年度本省經費預算以便執行由**

文號：忠第號 29951 字

日期：30 年 11 月 23 日

右案奉院長諭：「交衛生署、財政部會同核復」，相應通知衛生署、財政部。

歲出經常門臨時部份

科目	名稱	本年度概算數
第一款	防疫經費	1,000,000.00
第一項	鼠疫研究調查費	50,000.00
第一目	設備費	20,000.00
第一類	研究用器材	20,000.00
第二目	研究調查用費	30,000.00
第一類	研究調查用費	30,000.00
第二項	添購防疫器材	70,000.00
第一目	添購防疫器材	70,000.00
第一類	添購防疫器材	70,000.00
第三項	購儲防疫藥品	100,000.00
第一目	購儲防疫藥品	100,000.00
第一類	購儲防疫藥品	100,000.00
第四項	實地防疫工作費	40,000.00
第一目	補助地方防疫工作費	40,000.00
第一類	補助地方防疫工作費	40,000.00
第五項	防疫人員旅費	50,000.00
第一目	防疫人員旅費	50,000.00
第一類	防疫人員旅費	50,000.00
第六項	添建省立傳染醫院	250,000.00
第一目	建築費	100,000.00
第一類	病房建築費	100,000.00
第二目	其他設備	90,000.00
第一類	其他設備	90,000.00
第三目	經常費	60,000.00
第一類	經常費	60,000.00
第七項	改進環境衛生	120,000.00
第一目	改進環境衛生	120,000.00
第一類	改進環境衛生	120,000.00
第八項	擴充地方消毒設備費	35,000.00
第一目	設備費	35,000.00
第一類	設備費	35,000.00
第九項	繼續辦理防疫大隊	85,000.00
第一目	防疫大隊經費	85,000.00
第一類	防疫大隊經費	85,000.00
第十項	抗瘧經費	200,000.00
第一目	抗瘧經費	200,000.00
第一類	抗瘧經費	200,000.00

● **行政院來電紙**

文號：A12003 號

日期：31 年 4 月 6 日

重慶行政院院長蔣：

密。據龍溪張縣長電，稱漳州鼠疫蔓延日廣，情勢嚴重，請撥防治費玖萬元等情。經本府第272 次委員會決先發防治費貳萬元，在本年度及暫時特別預備金項下動支紀錄在卷，情勢緊急擬即撥付。除預算書另送外，特電請核示。

福建省政府永財丙魚印

文號：A12003 號

永安福建省政府密永財丙魚電悉，核尚需要，准予動支。

行政院邬覃會二印

● **福建省政府電請在卅一年度戰時特別預備金項下動**
　支二萬元發給龍溪縣防治鼠疫請核示一案准函達查
　照由／令仰知照由（行政院稿）

文號：順會字第 6719 號

日期：31 年 4 月 15 日

公函／訓令

令財政部

據福建省政府永財丙魚電稱：「據龍溪張縣長電云云持電請核示。」等情；經核尚屬可行，准予動支。除函知主計處、審計部／令知福建省政府、財政部外，相應函達／合行令仰知照。此令／查照。此致審計部／國民政

府主計處。

● 行政院會計簽呈用紙

文號：孝字第 7216 號

關於所發防疫事業計劃，著重治本工作而尚屬可行。據照原核意見指示該省政府注意辦理。至擴充衛生事業部份所有南平、永安兩省五醫院，擬准予充實以上兩項所需經費，即在本院核准增加衛生支出一百萬元內統籌支配，其餘各項暫從緩議暨指令遵照。謹附呈核擬福建省三十一年度防疫事業及衛生擴充事業計劃概算一覽表。當否，請示。

附呈一覽表一紙

宋海清　謹簽　3.13

核擬福建省三十一年度防疫事業及衛生擴充事業計劃概算一覽表

原擬計劃	概算數（元）	財政部、衛生署核復意見	審核意見
防疫事業計劃	1,000,000	一、應積極充實防疫人員，補充防疫器材、防疫經費至少項以半數以上用於防治鼠疫，以謀澈底肅清。二、應積極充實衛生試驗所製備鼠疫疫苗最低產量，足供本省之用。三、平時應充分訓練防疫幹部人員，隨時準備交通工具，藉收事半功倍之效。四、設置大規模傳染醫院。	防疫事業在實際上分治本治標兩種辦法，如能並行實施，自易收效。擬照核復意見指示該省政府注意辦理。
1. 繼續研究調查	50,000		
2. 添購防疫器材	70,000		
3. 購儲防疫藥品	100,000		
4. 實地防疫工作費	40,000		
5. 防疫人員旅費	50,000		
6. 設立省立傳染病院	25,000		
7. 改進環境衛生	120,000		
8. 擴充地方消毒設備	35,000		
9. 繼續辦理防疫大隊	85,000		
10. 繼續辦理抗瘧工作	200,000		
擴充衛生事業	1,035,000	一、製藥廠應儘量設法推進研究技術改進。二、充實南平、永安醫院並利用收入隨時呈准擴充。三、設立龍岩醫院。	南平、永安兩地人烟稠密，鼠瘧病疫極易蔓延。原有省立醫院擬准予充實其餘各項，暫從緩議。
1. 增加製藥廠資本	200,000		
2. 購儲藥品材料	400,000		
3. 添設省立醫院病房等	70,000		
4. 充實永安醫院設備	65,000		
5. 籌設省立龍岩醫院	374,450		

備註：

一、該省三十一年度衛生支出原列 1,293,965 元，增加 1,000,000 元，共計 2,293,965 元。除經常支出不計外，所有上列各項經費擬飭在增加之一百萬元內統籌支配。

二、查該省三十一年度預備金共計核列五百二十餘萬元。據核復意見略以上列各項經費如仍屬不敷，可

在預備金內勻支等語；查該省他項支出尚多，擬不再予勻列，以留伸縮餘地。

三、上列擴充衛生事業概算總數與細數不符，係將省立龍岩醫院項下移列 74,450 元於經常門常時部分合併陳明。

● **准函交福建省衛生防疫計劃及概算與請補助卅一年度防液經費壹百萬元一案函請詧照轉陳由（財政部、衛生署公函）**

文號：37647 號

日期：31 年 2 月

案准貴處三十年十一月廿三日忠字第 29951 號通知。以福建省政府呈送本省三十一年度防疫事業計劃並衛生事業計劃及概算等件，請准予繼續補助本省防疫及防瘧經費壹百萬元編入本省三十一年度經費預算，以便執行一案。奉院長諭：「交衛生署、財政部會同核復。」等因。附抄原呈一件及計劃概算書各一份到部、署等由。准此。

查本案關於事業推進方面，經核甲、防疫事業計劃：（一）福建省鼠疫流行已久，年來已人員經費均感不足，防治困難，致鄰近各省亦漸波及。似應積極充實防疫人員，補充防疫器材，而防疫經費至少頃已半數用于防治鼠疫，以謀澈底肅清疫源。（二）福建省距離陪都遙遠，交通困難，中央有時雖欲協助，但每有緩不濟急之感，故該省衛生試驗所亟應積極充實，俾能充分製備鼠疫疫苗，最低限度其產量頃能供本身防治鼠疫之

用。（三）福建省防疫隊所對于鼠疫之防治應視為中心
工作，平時對于防疫技術幹部人員應有充分準備與訓
練。對于防疫交通工作亦應隨時準備，俾能處置裕如。
（四）設置規模較大之傳染病院一所，及擴充抗瘧工作
疫亦確係事實上所必須。乙、擴充衛生事業：（一）製
藥廠應儘量設法使其推進並研究技術改進，以應目前急
需。（二）關于充實南平、永安兩省立醫院亦屬需要，
最好利用各醫院收入隨時呈准擴充，以節國帑。（三）
龍岩地位重要，確有分設醫院必要。

至關于動用經費方面，查福建省三十一年度歲出概
算衛生支出部份，除原列 1,293,965 元外，復為增加
1,000,000 元指明專為防疫之用。前項防疫及衛生事業
經費應即在增列範圍內統籌支配，如仍屬不敷時可在預
備金內勻支。以上本部、署審核情形是否有當，相應函
請查照轉查為荷；再本案係由本衛生署稿合併陳明。此
致行政院秘書處。

附退回福建省政府原呈防疫計劃並衛生事業計劃及概算
書各一份

署長金寶善

財政部長孔祥熙

● **據呈送卅一年度防疫及衛生事業計劃經分別指示仰遵照由（行政院稿）**

文號：順會字第 5157 號

日期：31 年 3 月 23 日

指令

令福建省政府

三十年十月二十四日府衛會永字第 11057 號呈一件。為呈送卅一年度防疫並衛生事業計劃及概算書，請繼續補助防疫及治瘧經費一百萬元，敬候示遵由，呈件均悉，經飭據財政部、衛生署會同核覆一節，稱（甲）關於該省防疫事業部份應行注意事項，一、該省鼠疫流行已久云云敘至，亦確係事實上所必需；（乙）擴充衛生事業部份，所有南平、永安兩省立醫院擬准予充實，連同前項所需經費即在增加該省三十一年度衛生支出一百萬元內統籌支配等情，核屬可行仰即遵照。此令。

● **准函核覆福建省衛生防疫計劃及概算一案業經承辦院令飭遵照函達查照由（行政院稿）**

文號：順會字第 5157 號

日期：31 年 3 月 23 日

准貴部、署二月二十五日會函核覆福建省衛生防疫計劃及概算一案，經陳奉諭：「閩省防疫事業計劃照部、署核議意見轉飭注意辦理。至擴充衛生事業部份，本年度暫先充實南平、永安兩省立醫院。暫從緩議所有應需經費，即在該省本年度概算增列之衛生支出一百萬元內統籌辦理支配。」除由院指令福建省政府遵照暨由處分函

財政部、衛生署外，相應函達查照為荷。此致財政部、
衛生署。

● **福建省政府衛鼠疫復萌計有龍溪莆田金門雲霄平潭**
漳浦等縣繼續發現除派員攜藥往治請處鑒察由（行
政院交辦案件通知單）

文號：A11973 號

日期：31 年 4 月 10 日

案奉院長諭：「交衛生署。」等因；相應通知衛生署。

附件：抄原電一件

日期：31 年 4 月 3 日

重慶行政院院長蔣：

查本省鼠疫近又復萌，本月份各地繼續發現者計有龍
溪、莆田、永安、金門、雲霄、平潭、漳浦、古田、安
溪、南安等縣。除飭衛生處分別派員攜帶藥械分往各處
防治外，謹電呈督。

職劉建緒衛丙永東

● **電復辦理防治閩省龍溪浦田等縣鼠疫情形**

文號：卅一防字第 6430 號

日期：31 年 4 月 18 日

行政院秘書處勛鑒：

准貴處本年四月十日 A 字第 11973 號通知。以福建省
政府電為鼠疫復萌，計有龍溪、莆田等縣繼續發現。除
已派員攜藥防治一案，奉諭交衛生署等因；抄附原電下

署。查本署于本月四日接准福建省政府衛丙東電開案，同前由該省府並以目前情況已有流行趨勢，若疫區蔓延過廣，以現有人力、財力勢難應付，電囑本署迅予有效援助各等由到署。查福建省鼠疫流行有四十年歷史，已成為地方性疫病，所有防疫機構及工作人員已奠定基礎，較諸任何省份設備為強。復查該省三十一年度防疫經費已奉核定為一百萬元，而本署本年所有防疫專款僅五十六萬元，相比尤多一倍，工作推進當較便利，允宜積極處理，根除疫源以杜復燃而濟兆民。又查本署前轉奉鈞院三十一年一月十五日順陸字第 00761 號訓令，轉示軍事委員會電飭對于防治鼠疫應行改進事項一案，業經于本年一月二十一日以卅一防字第 903 號防子馬代電福建省政府請為嚴飭澈查統籌，擬具根除辦法辦理具報。又本署于目前曾電向中央防疫處購贈福建省衛生處鼠疫苗三千瓶，以資協助各有案；茲准通知，除先電復福建省政府仍請查案迅飭切實遵辦具報外，相應電復至希督照轉陳為荷。

衛生署防卯巧印

● 據衛生處呈請撥發疫苗補助費經議決由庫電撥拾萬元請察核由

文號：陽午皓府財丙永 70024 號

日期：32 年 7 月 19 日

行政院院長蔣：

據本省衛生處呈以最近本省各地鼠疫流行，本處原存疫苗不敷供應。設疫情擴大更屬無法應付，為未雨綢繆，

計擬購儲疫苗以資准備，所需價款請准予由庫提撥等情。業經提出三十二年四月二十九日本府委員會第325次會議議決「准在戰時特別預備金項下撥拾萬元，並由庫先行墊發。」等語，紀錄在卷。茲謹檢同前項計劃及概算七份，電乞察准示遵。

福建省政府永財丙印

附計劃概算七份

計劃概算

過去概況

　　查防疫用各種疫苗，歷年均係應事實之需要，充分購儲備用，尚無匱乏。本年因氣候之不正，疫癘極易滋生，各項疫苗，自應大量購備，尤以鼠疫苗，更為切要。惟此項防疫藥品器材費，上年度共為二十四萬元，已減少半數。復經本年四月二十二日第324次省府委員會會議議決，撥助省立衛生試驗所一萬四千七百元，龍巖中心衛生院五千二百零一元，兩共二萬元。本年政費緊縮時，又減去三百元，則僅餘九萬九千七百元，所能購得之疫苗為數無多，勢難應付需要。

計劃要點

　　茲為適應需要起見，呈請准在戰時預備金項下撥發疫苗補助費十萬元，擬增購鼠疫苗三千五百瓶，及霍亂傷寒混合苗一百瓶以資補充而免匱乏。（附增購疫苗品量計劃書）

三十二年度擬向試驗所增購疫苗品量計劃書

| 品名 | 單位 | 增購數量 | | 單價 | 合計 |
		數量	每瓶容量		
鼠疫苗	瓶	3,500	100 公撮	28.00	98,000.00
霍亂傷寒混合疫苗	瓶	100	100 公撮	20.00	2,000.00
表列兩項共需拾萬元正					

福建省衛生處三十二年度鼠疫疫苗概算

科目		本年度概算數	備考
第一款	疫苗購置費	100,000.00	附計劃書。
第一項	鼠疫苗及霍亂傷寒混合疫苗	100,000.00	
第一目	鼠疫苗	98,000.00	鼠疫苗 3500 瓶，每瓶 28 元計如上數。
第二目	霍亂傷寒混合疫苗	2,000.00	霍亂傷寒混合疫苗 100 瓶，每瓶 20 元，計如上數。

處長陸滌寰　會計主任王世馥

● **福建省政府電為據衛生處呈請撥發疫苗補助費經議決在戰時特別預備金項下撥十萬元之案**

日期：32 年 8 月 17 日

案奉院長諭：「交衛生署迅即切實核復」，相應通知衛生署。

茲將核復福建省衛生處請撥疫苗補助費及電請籌防治鼠疫有效濟救辦法情形電復由

文號：卅二防字第 13693 號

日期：32 年 8 月 23 日

行政院秘書處勛鑒：

案准貴處本年八月十七日會愛字第 44504 號通知及 A 字

第 18357 號通知，關於福建省政府為據該省衛生處呈請
由戰時特別預備金項下撥發疫苗補助費十萬元。又閩省
府電請再飭迅籌防治鼠疫有效救濟辦法兩案，奉諭交衛
生署迅即切實核辦各等因；附抄原電各件到署。查福建
省政府請撥發拾萬元購儲鼠疫疫苗 3,500 瓶及霍亂傷寒
混合疫苗 100 瓶各節，經核鼠疫疫苗 3,500 瓶僅可供給
五萬六千人預防注射之用；又霍亂傷寒混合疫苗 100 瓶
僅可注射一千六百人之用。所請由戰時特別預備金項下
撥款十萬元，擬請准予照辦，並請飭福建省政府依據事
實之需要隨時酌量補充。至本署最近業已撥購閩省府
之鼠疫疫苗，共計 532,680 公撮，足供二十一萬餘人之
用。又其他貴重防疫藥品共七種，特送清單一紙即請查
核；所有本署最近協助閩省防治鼠疫情形，經于本年八
月五日以卅二防 12771 號未微代電貴處查照轉陳在案。
仍祈轉飭福建省政府遵照鈞院三十一年一月十五日順陸
字第 00761 號訓令，關于防治鼠疫工作應行改進事項，
對閩省鼠疫嚴令澈查詳報，擬具根除辦法一案，迅速辦
理具報以重民命。相應將本署核復以上兩案情形，電達
查照轉陳為荷。

衛生署防江未梗印

附一件

衛生署發給福建省衛生處防疫藥品清單

品名	數量	發給年月
1.Anti-plague Vaccine	532,680 c.c.	32/8
2.Sulfathiazole	20,000 tabs.	31/6
2.Sulfathiazole	15,000 tabs.	32/7

品名	數量	發給年月
3.Sulfanvridins	15,000 tabs.	31/8
4.Quinis 5 gms	500,000 tabs.	32/7
5.Peptone	10 lb	32/4
6.Hethylene blue	75 gms	32/4
7.Hrightls Stain	50 gms	32/4
8.Basic Euchsin	50 gms	32/4

● 摘行政院來電紙

文號：A18546 號

日期：32 年 8 月 20 日

渝行政院長蔣：

密。閩省本年鼠疫流行，閩東南北各縣，業經電呈並奉准派員攜藥在案。現福州延平等處復發生肺鼠疫死亡，載途亟應設置隔離病院以免蔓延。惟本省級預算原有項目均已指定用途，且年度逾半動支幾盡無可騰挪，所有急需建築隔離病院設檢查站，以及增購藥品等項均需100 萬元，謹懇俯念疫癘慘重另行撥發，以資補救。除計劃概算呈外，敬乞電遵。

職劉建緒叩永會甲哿 5568 印

● 呈請增撥防治鼠疫經費六百萬元由

日期：32 年 9 月 15 日

查本省鼠疫之發生遠在五十年前，雖經歷年努力防治，疫勢稍衰但終未根絕。本年尤為猖獗，蔓延至二十五縣之廣，死亡將達萬人，非亟加撲滅為正本清源之計，則影響所及不堪設想。除治本辦法另案詳擬呈核外，關於治標辦法亟待舉行者為：（一）擴充防疫機構；（二）

充實防疫藥械；（三）重要地區獎勵撲鼠，三項約計共
需經費六百萬元。除原有五十餘萬元外，擬懇如數增
撥，以便積極進行，事機迫切，務乞迅予簽核示遵。謹
呈院長蔣、副院長孔。

附呈改進福建省防治鼠議工作計劃

福建省政府主席劉建緒

改進福建省防治鼠疫工作計劃

一、本省鼠疫例年流行概況

　　一八九四年香港鼠疫爆發後，本省廈門亦受波及，
旋即侵入沿海如晉江、福州、龍溪、韶安等縣市。由此
藉民船之往來，沿水路逐漸內犯沿岸各地。閩省鼠疫遂
日益猖獗，但當流行之初因未經正當檢查，人多昧昧不
知為何症。迨至一九零五年西人馬士敦醫師始正式確定
漳浦、永春之時疫即為鼠疫，過去各地流行之疑疫始是
白於世。因本省河流錯雜，水路交通較便，復以缺糧縣
份較多，糧船之往來亦多，此為鼠疫到處蔓延之主因；
抗戰軍興，糧食之動態愈繁，益以戰時種種不衛生之變
態加多，故鼠疫愈加猖獗，疫區益為擴大，幾乎每年均
有流行。本年入春以來更為慘烈，迄今蔓延有莆田、仙
遊、永定、建陽、同安、南安、羅源、安溪、晉江、順
昌、福清、古田、浦城、連江、長樂、建甌、水吉、惠
安、寧德、將樂、沙縣、南平、閩侯、福州、邵武等
二十五縣市。過去曾經發現鼠疫縣份尚有漳浦、南靖、
德化、松溪、海澄、永春、政和、龍巖、漳平、韶安、
雲霄、永安等縣，全省不過六六縣市，有流行鼠疫經歷

縣市三七之多，即超過半數以上，疫區之廣可想而知。歷年雖經防疫人員之努力防治，疫勢以呈衰竭狀況，為正本清源計不得不加強防疫力量，以減少將來再燃之機會也。

一、本省鼠疫之性狀

　　本省流行之鼠疫以腺鼠疫為主，肺性及敗血性甚少。根據本省防疫總所報告，該所自廿五年一月至廿七年十二月共診病例八六八名，其中腺性佔七五三例，肺性佔三九例，敗血性佔五例，本省鼠疫死亡率甚高，平均佔百分之七八。

　　關於鼠疫之傳播情形，如腺鼠疫在閩數年來之調查研究尚未發現有由人直接傳人之例，均因鼠蚤之媒介而來。關於鼠疫之調查，曾在鼠疫最烈之政和縣繼續檢驗一整年。一、二兩月份雖驗鼠三八七頭，並未發見一隻疫鼠。由三月至十二月，按月均發現疫鼠最多者為十月份，疫鼠竟達百分之二二點一，但該縣發見鼠疫病人僅在六月至十二月，足證鼠疫未流行之時亦有疫鼠之存在，此為防疫工作所值得注意之問題。

二、過去防疫工作情形

　　以前本省曾有防疫處之設，附設閩南、閩北、閩西三防疫所及福清、惠安、浦田、仙遊、松溪、政和等縣防疫隊，分配各重要疫區工作，旋以疫區逐漸擴大，原有之防疫隊所有人員設備過少無法支應，需要加強，但因經費困難無法增加，不得已將防疫處及防疫隊取消，用節省之經臨各費將防疫所擴充至七所，分駐各重要地點分區防疫。嗣又以加強防疫事業費節省行政費，將各

防疫所集中為防疫總隊一隊、防疫醫院三處。本年又因
經費困難，而將各防疫醫院併入省立醫院以資節省。

　　關於工作方面，除疫時分派各地實行治疫外，至於
平時注重有關鼠疫流行之（一）調查研究工作最著者，
如各地鼠蚤指數、鼠蚤種類、鼠蚤繁衍時期及傳播徑路
之調查研究。（二）防疫人員技術訓練工作。（三）改
進各地環境衛生及滅鼠工程。（四）防疫藥械之儲備。
（五）嚴密疫情報告。（六）擴大防疫宣傳及灌輸民眾
防疫常識等項，積極之防治工作。

三、改進計劃

第一、治標辦法

（一）擴充防疫機構人員

　　現在交通困難，防疫人員調動難免遲滯，有礙於防
疫工作之處甚大，為謀迅速起見似宜在各重要疫區成立
防疫所，分設福州、福安、晉江、龍溪、南平、建陽、
松溪七處作各地區經常之檢疫及其他防疫工作。

　　省防疫大隊擴充至 150 名（現有 66 名），以便隨
時調赴各地方協防為應急之措置。

　　防治鼠疫技術特殊，非一般衛生人員所能勝任。近
年來衛生署派外學習防治鼠疫之人甚多，似宜大部份派
在本省加強撲疫工作，避免學非所用。

（二）充實防疫藥械

　　充實防疫藥械可分三項辦法，（1）增加防疫藥械
購備費。（2）衛生署由外國募到之有關防治鼠疫藥
械，似宜大部份撥加本省應用，不必採各省平均分配辦
法，以免有用之材擲於無用之處而浪費。（3）本省增

加自製血清設備，以便治療。

（三）全省各重要地區經常獎勵撲鼠

鼠數減低至當地合數半數以下之時，可以防止鼠疫之流行，為多數專家公認之事實。故各重要疫區如經常獎勵人民撲鼠，自可減少流行。

（四）增加防疫經費

以多疫之本省每年防疫費僅有五十餘萬元，其困難可知，如謀改進防疫費必須特別增加，若按前述治標辦法中（一）、（二）、（三）項辦法辦理防疫費，至少須增加至六百萬元。

第二、治本辦法

根除鼠疫良非易事，觀於英國統治印度多年，以英國之人力、財力、物力迄今尚未將印度之鼠疫消滅，其困難可知。惟如能作到比較澈底辦法，鼠疫雖不能根除，亦可減少其流行頻度。茲擇其較為重要者二項列左：

（一）改善疫區之環境衛生、加強防鼠設備

環境衛生之改善、加強防鼠設備足以減少鼠疫之流行，例如本省過去龍岩流行鼠疫，即因澈底改善全城環境衛生，加強全城防鼠工程結果極為圓滿，數年來未能再發。惟改善環境衛生，加強防鼠工程須有合理嚴密之計劃，並鉅量之經費方能收效，故本省根本消滅鼠疫似宜用鉅額資金，由改善各疫區之環境衛生、加強防鼠工程入手。不過此項工程需費浩大，並需要大量鐵板、鐵網，另當專案呈核。

（二）加強本省有關鼠疫之調查研究工作

　　年來本省衛生及防疫人員雖於防治工作之外，兼作有關鼠疫之調查工作，但因人力、財力、物力之限制，需要再作進一步加強之處甚多。如能予以加強，則將來裨益於根除鼠疫之處，自非淺鮮。

● 電送本省衛生處防疫大隊三十二年度追加臨時費計劃及概算請核備由

文號：陽申銑府會甲永 37356 號

日期：32 年 9 月 16 日

重慶行政院院長蔣鈞鑒：

查本省本年入春以來氣候失常，疫癘流行，各地為避免蔓延起見，經飭由衛生處防疫大隊特派大批人員攜同藥械分赴各地防治，計需藥械及旅運費共壹拾萬元。茲因本年度省及預算經常門臨時部份第四款二項九目原列防疫大隊、防疫藥械、服裝、旅運費內無法容納，經提出本府委員會第 335 次會議議決通過准在戰時特別預備金項下開支，紀錄在卷。當經飭據編送計劃概算前來，經核准確屬切要，理合檢同前項計劃概算各七份隨電送請察核示遵。

　　　　　　　　　　福建省政府主席劉建緒公出

　　　　　　　　委員兼民政廳長高登艇代行永會甲銑

附呈本省衛生處防疫大隊三十一年度追加臨時費計劃及概算各七份

追加本大隊旅運費及防疫藥械費計劃

查本省本年度疫鼠甚熾，仙遊、福州、永定、建甌、南平、沙縣等地先後相繼發生鼠疫，均經本隊派員分別馳往各該地區防治。計自四月至七月發行旅運費十萬餘元，藥械除奉衛生處撥助並上年餘留外，亦交付相當數目。茲各地鼠疫流行外，職員計算應再交付旅運費五萬元，添置防疫藥械五萬元，始可勉於交應。

該省呈請追加防疫大隊旅費

文號：仁嘉 23560 號

日期：32 年 10 月 22 日發出

永安福建省政府：

三十二年陽申銑府會甲永 37356 號代電暨附件均悉，該省衛生處防疫大隊計需旅費十萬元，仰就本院西寒慶四仁嘉字 23017 號代電，所准專案追加該省防治鼠疫費三百萬元內統籌支配，毋庸另請追加，仰即遵照。

行政院酉養慶四印

● 謹將核議閩省府請款二百萬元一案意見電復由（國民政府行政院）

日期：32 年 9 月18 日

衛生署快郵代電

文號：卅二防字第 14770 號

日期：32 年 9 月 17 日

行政院秘書處勛鑒：

案准貴處三十二年元月十日慶四A字第 18546 號通

知。以福建省政府電請撥發鼠疫苗藥品及建築病院檢查站費用二百萬元案，奉諭交衛生署於文到七日內核議具復等因；抄送原電一件到署。查閩省今年鼠疫傳播區域甚廣，計有仙遊、永定、南平、建陽、莆田、同安、南安、晉江、蒲城、羅源、安溪、建甌等十二縣及福州市。截至六月底止，統計患者共有 1,023 例，死亡 917 例。現福州晉江、水吉一帶疫勢仍甚猖獗，殊為可虞。本案（一）關于請撥發鼠疫疫苗一節，查本署前准貴處八月十七日會愛字 44500 號通知，屬核復閩省府呈請由戰時特別預備金項下撥發疫苗補助費拾萬元。經核該省請撥拾萬元購儲鼠疫疫苗 3,500 瓶（每瓶 40 公撮），僅可供給五萬六千人預防注射之用，已請貴處轉陳准予照辦，並請飭福建省政府依據事實之需要，隨時酌量補充。至本署最近業已撥贈閩省府之鼠疫疫苗共計 532,680 公撮，足供二十一萬餘人之用（此項鼠疫苗已據閩省衛生處電晨派員赴筑，本署接收洽領有案），及其他貴重防疫藥品共七種。又請轉飭閩省府遵照鈞院三十一年一月十五日順陸 00761 號訓令，關于防治鼠疫工作應行改進事項，對閩省鼠疫嚴令澈查詳報，擬具根除辦法一案，迅速辦理具報各節暨關于本省加派外籍鼠疫專家伯力士專員協同醫防第四大隊大隊長施毅軒等攜帶防治藥品，赴閩協助防治鼠疫及辦理訓練事宜等等。統于本年八月廿三日以卅二防 13693 號未梗代電，復請督照轉陳在案。現閩省請款增購藥品核甚需要。（二）關于請款建築隔離病院，設立檢疫站一節，綜觀以上疫勢嚴重情形，實屬必要。惟請款二百萬元數目巨大，未

便邃議，擬請飭將計畫概算編呈核交到署，再行詳核。
以上，本署遵照核議閩省府請款二百萬元一案意見是否
有當，相應電復。至希查照轉陳為荷。

衛生署防 32 申篠印

行政院會計處簽呈紙

文號：三友字第 51209、5162 號

日期：9 月 24 日

簽擬如次：

一、該省本年度鼠疫流行區域計有十二縣與一市區。惟
　　衛生署業已派遣外籍鼠疫專家伯力士等馳赴該省治
　　療，並另由該署撥贈疫苗 532,680 公撮，足供二十
　　餘萬人用。至該省電請另撥苗費十萬元，擬予照
　　准，飭由該省新興事業費內動支（該省新興事業費
　　尚餘十一萬元）。

二、所請建築隔離病院，設置檢疫站一節，依照衛生署
　　核議各點，擬飭將計劃概算呈院核辦。

三、該省呈送撲滅鼠疫治本治標辦法，未附應需經費詳
　　細概算，擬飭迅編呈核。至呈內所稱治標經費約需
　　六百萬元一節，是否以包括永會甲智電內所稱設立
　　隔離病院與防疫站經費二百萬元，擬並電飭知暨函
　　復衛生署當否敬候核示。

陳儒賡謹簽

● 行政院來電紙

文號：A18931 號

日期：32 年 9 月 25 日

行政院長蔣：

密。閩省本年鼠疫流行幾遍，閩省南北各縣衛生處防疫大隊全部巡迴各縣防治，原定派運費不敷支應，簽請追加派運藥械費十萬元，以資接濟。經本府委員會第275次會議議決在戰時特別預備金項下用支在卷。惟款待支付，除飭編計劃概算另文呈核外，擬請准先撥用，當否，敬乞電遵。

職劉建緒公出

高必行永安衛會 09.25 叩

● 追加福建省防治鼠疫經費案（行政院稿）

文號：仁嘉 23017 號

日期：32 年 10 月 14 日

公函、訓令

令財政部

查閩省鼠疫近年來略聞發生。本年度迭據該省呈，略以各地鼠疫流行勢甚猖獗，蔓延達廿四縣與一市區，死亡將近萬人，為正本清源，計除治本辦法另案呈核外，至治標辦法亟待舉行者為擴充防疫機構，充實防疫藥械與重要地區獎勵撲鼠三項，共需經費六百萬元等情到院。查該省鼠疫本年度流行地區廣，危害人民生命殊為可慮。茲為澈底根除該省鼠疫，計特准專案追加參佰萬元，飭由該省會同衛生署妥為防治，除指復暨分行主計

處、財政部報請國防最高委員會核定外，相應函請查照轉陳迅賜核定為荷，令仰知照。此令。此致國防最高委員會秘書處、國民政府主計處。

代電

永安福建省政府：

32 年五皓府財丙永 70024 代電及附件；永會甲智 5508 電九月十五日簽呈及附件；永民衛會 925 電均悉，查該省鼠疫本年度流行地區甚廣，至深軫會。茲特准專案追加參佰萬元，仰即會同衛生署切實妥籌防治辦法，限期撲滅，並補編詳細計劃暨概算呈核。至所請撥發疫苗十萬元，建築隔離病院，設置防疫站與旅費各節，均應在此次追加之三百萬元內統籌支配；除報請國防最高委員會核定暨分行財政部、主計處外，仰即遵照。

行政院酉寒慶四印

箋函

貴署三十二年未梗防字第 13693 號；申篠防字第 14770 號函誦悉，查福建省政府電，請撥發鼠疫疫苗、藥品及建築病院、檢查站、旅費與籌防治鼠疫有效辦法一案，經陳奉院長諭：「查福建鼠疫至為可慮，特准追加參佰萬元，應由衛生署遴派委員會會同福建省政府切實妥籌防治辦法限期撲滅。至所請撥發苗疫費、建築病院、防疫站等經費均應在追加之三百萬元統籌支配，不再另予撥款。」等因；除由院報請國防最高委員會核定，並分行主計處、財政部，指復福建省政府外，相應抄送該省簽呈與防治鼠疫辦法一件函請查照辦理見復。此致衛生署。

計抄同福建省政府簽呈（三愛字 5162）與防治鼠疫工
作計劃各一件

　　　　　　　　　　　　　行政院秘書長

● **茲將遵照辦理福建防治鼠疫情形函復由（國民政府
　行政院）**

日期：32 年 10 月 28 日

擬辦：擬存查

　　　　　　　　　　陳儒賡　　謹簽　　10.30

衛生署快郵代電

文號：卅二防字第 16535 號

日期：32 年 10 月 28 日

行政院秘書處勛鑒：

准貴處本年十月十四日仁嘉字第 13017 號函，以閩省府
請款防治鼠疫一案，奉諭准追加三百萬元，飭由衛生署
派員切實會商防治鼠疫辦法，尋因囑查照辦理見復等
由。抄附福建省政府簽呈與防治鼠疫工作計劃各一件。
准此，自當遵辦。茲派本署醫療防疫總隊第四大隊大隊
長施毅軒，代表本署會同福建省政府切實妥籌防治鼠疫
辦法，並由本署外籍專員伯力士協同設計辦理。除電請
福建省政府查，並另抄發福建省政府原簽呈與防治鼠疫
工作計劃各一件，令飭本署醫防總隊轉飭遵辦具報外，
相應電復至希查照轉呈為荷。

　　　　　　　　　　　衛生署防 32 酉儉印

● **行政院稿**

文號：A19867 號

日期：32 年 12 月 6 日

永安福建省政府：

密。永民衛嘉電悉，該省追加防治鼠疫追加費，業經由院以緊急命令飭庫先行墊撥貳百萬元，仰即洽商衛生署核實撙節支用報院備查為要。

行政院亥魚慶四印

行政院會計處簽呈紙

查福建省防治鼠疫經費案，前經本院核准追加三百萬元，經報請核定暨分行在卷。茲據該省電請速撥到院，茲為便於該省會同衛生署迅予防治，計擬以緊急命令飭奉先行墊撥二百萬元，以應急需。當否，敬請核示。

陳儒賡　12.20

● **行政院來電紙**

文號：A 字第 19867 號

日期：32 年 12 月 10 日

重慶行政院院長蔣：

准衛生署防宥電密特准追加防疫費三百萬元，謹懇迅予撥發電遵。

職劉建緒永民衛亥印

據福建省政府追加三十一年度防治鼠疫費國幣貳百萬元由（行政院稿）

文號：急 330 號

緊急命令

令財政部

據福建省政府三十二年永民衛生電，為該省追加防治鼠疫費三百萬元，請予撥發應用等情；查本院核准追加福建省三十二年度防治鼠疫費三百萬元，經行知在案。茲據前情，准予先行墊撥，上項追加經費國幣貳百萬元交福建省政府商同衛生署覈實撙節支用，俟概算核定後，並依照國防最高委員會第十七次常務會議關於頒發緊急命令之決議，令仰飭庫即行函照辦理具報。此令。

● **請核發閩省衛生處卅二年度防疫參佰萬元由（國民政府行政院）**

文號：信字第 1746 號

日期：33 年 1 月 13 日

衛生快郵代電

文號：卅三防字第 00558 號

日期：33 年 1 月 13 日發出

行政院秘書處勛鑒：

關于本署派員會同福建省政府商辦防治閩省鼠疫一案，經于卅二年十月八日以卅二防 16535 號酉儉代電，詧照轉陳在案；茲據福建省衛生處七日電稱，防疫工作開始，需款孔急，懇請催發卅二年度防疫費參佰萬元以利疫治等情。查所請確屬需要，相應電請查照轉陳迅賜催發以利工作，並希見復為荷。

衛生署防 33 子元印

● 電送奉准追加防疫經費參百萬元計劃概算請核示由

文號：永會甲 01809 號

日期：中華民國 33 年 1 月 13 日

重慶行政院院長蔣鈞鑒：

查本省三十二年度各地鼠疫流行防疫經費不敷支應，前奉鈞院電准追加參佰萬元，至前擬由戰時特別預備金項下動支之疫苗費及旅運費等，亦應就上准三百萬元內開支等因，自應遵辦。當經飭據編造前項計劃概算前來，經核尚無不合。除分別函令外，理合檢同原送計劃概算隨電送請察核示遵。

福建省政府主席劉建緒永會甲

附呈福建省防治鼠疫工作計劃概算各七份

改進福建省防治鼠疫工作計劃概要

查本省鼠疫歷年不斷發現，雖經隨時防治均得逐漸平息，而如是消極之防治，僅能獲一時之苟安，殊非永久之計。經與衛生署醫防第四大隊及衛生署外籍專員伯力士博士會商，按目前切要情形擬定各項實施計劃，期能逐步實施以除本省首要之疫患。

計劃要點

一、加強防疫機構

調整省防疫大隊之組織，並充實其設備與衛生署醫防第四大隊及所屬各中隊密取聯繫，分區工作以增進工作之效率，組織省防疫委員會，另於重要地區設置分區，俾資督導。

二、充實防疫藥械

　　所需疫苗儘量購儲，除本省以製出之數量外，再向中央價購，以足需要醫療用血清。向中央購儲備用各項應需藥品，充分購備滅鼠及治療用之特殊藥品，擬請中央撥發。至防疫用各項器材，就省方原有者儘量整修並設法仿製，再請中央予以撥助，務期足敷應用。

三、工作實施

　　普遍預防注射、積極實施防鼠與滅鼠、改善各地米倉及運輸米穀與食物船隻之管理、改善各地環境衛生、擴大防疫宣傳、充實各隔離病室之設備，以增進治療之效能，充實調查研究之人力與物力而利工作之推進。

經費支配

　　謹就奉准追加防疫費三百萬元，按各項最低需要情形擬定分配概算附後。

三十二年度福建省衛生處追加防疫費概算表

科目		本年度概算費	備考
第一款	防疫費	3,000,000.00	
第一項	防疫藥品器材費	1,400,000.00	
第一目	防疫藥品費	800,000.00	購辦疫苗血清及其他防疫上應用醫療藥品材料等。
第二目	防疫器材費	600,000.00	購辦及整修防疫器材暨充實有關防疫設備。
第二項	環境衛生改善費	1,000,000.00	
第一目	境衛生改善費	1,000,000.00	
第三項	旅運費	500,000.00	
第一目	旅運費	500,000.00	
第四項	防疫宣傳費	50,000.00	

科目	本年度概算費	備考
第一目　防疫宣傳費	50,000.00	備製防疫宣傳品及其他有關防疫宣傳之用。
第五項　補助地方防疫費	50,000.00	
第一目　補助地方防疫費	50,000.00	補助地方臨時防疫實施費用。

● 閩省防治鼠疫費三百萬元案暨復查照由（行政院秘書處稿）

文號：義嘉 1937 號

日期：33 年 1 月 28 日

准貴署卅三年一月十三日以卅二防字第 558 號代電，將核准追加閩省卅二年度防疫費三百萬元轉陳迅撥，以利工作等由。經查本案業經由院以緊急命令飭庫墊撥二百萬元，並以亥魚慶四香飭令該省在案，相應函復查照。此致衛生署。

秘書長

● 抄送福建省防治鼠疫工作計劃一份電請查照轉陳由（衛生署稿）

日期：33 年 2 月 3 日

擬辦：查此案據稱，已電福建省政府擬具工作進度及經費預算，擬俟該項預算到院再行核辦。

2.10

行政院會計處用箋

查防治鼠疫計劃概算業由該省編呈到院，並由院飭交衛生署核復中。本件似可俟該署核復到院，再行併同辦理。當否，乞示。

陳儒賡　謹簽　2.14

衛生署快郵代電

文號：卅三防字第 1598 號

日期：33 年 2 月 3 日

行政院秘書處勛鑒：

查本署派員會同福建省政府洽商防治閩省鼠疫一案，茲准由福建省政府卅二年十二月亥元府民衛乙永 107694 號咨略開，關于防治閩省鼠疫辦法曾與施大隊長及伯力士專員會商，並擬定改進福建省防治鼠疫工作計劃，提經本府委員會第 352 次會議通過。除電請撥款並飭衛生處分別切實推行外，相應檢同原計劃咨請查照等由，附計劃到署；查所擬計劃尚屬妥善，惟應具工作進度及經費預算以便會核。除電復外，特先抄送福建省防治鼠疫工作計劃一份，電請查照轉陳為荷。

衛生署防 33 子江印

改進福建省防治鼠疫工作計劃

查本省鼠疫歷年不斷發現，本年疫勢尤為猖獗，流行區域幾達全省縣市之半數，經防疫人員之努力防治，雖均得逐漸平息，而各是消極之防治僅能獲一時之局，妄殊非永久之計。以本年流行情形，觀之疫區頗有擴大之趨勢，設不急圖澈底之遏制辦法，其危險不堪設想，但以本省現有之防疫力量，實施上深恐難達期望，曾迭電中央請予有力之援助，俾得早除本省之大患。現經衛生署加強駐閩防疫隊之機構，並派外籍專員伯力士博士來閩協助本省之防疫工作及防治鼠疫幹部人員之訓練。茲就實際需要情形，並參照伯力士博士之防治意見及會

商之實施辦法分別擬具改進工作計劃，期能逐步實施而早日根除本省之首要疫患。

甲、加強防疫機構

一、組織防疫委員會

組織省防治鼠疫委員會，由主席為主任委員，各廳及首長、黨部書記長、憲兵團長為委員，內分總務、技術兩股。總務股由衛生處負責，技術股由伯力士博士、衛生署駐閩第四醫防大隊及衛生處負責。另於各重要疫區設立分會，內分總務、技術兩組，由當地黨、政、軍機關及各界團體組織之，俾資督導，而利工作之推進。

二、省防疫大隊之調整與充實

將省防疫大隊之組織照核定規程澈底予以充實，及調整分全隊為四個分隊，以三個分隊分別設置於重要地區，各再酌分小隊分駐於各縣，以一個分隊控置永安，使調遣靈活聯繫緊密，並加強技術人員之訓練，儘量充實各項設備以利工作之實施。

三、加強縣（市）防疫機構

關於各縣（市）之防疫機構，嚴飭遵照省府規定將防疫委員會防疫隊，及縣際情報網均須一律組織成立，由省隨時督導，務使組織健全工作確實，俾省縣間與各縣間得以相互策應而增強防疫效能。

四、署防疫隊與省防疫隊駐地之分配

衛生署第四醫防大隊設南平所轄之四個中隊，

分駐於建陽、邵武、浦城及福州，並另於建陽
設衛生工程隊，再於閩北各疫區調駐小隊，其
餘各地區則由省防疫隊分別調派設置。

乙、充實防疫藥械

一、疫苗血清與藥品

所需疫苗除本省能以製出之數量外，不敷之數
擬請中央儘量予以補助，並向中央價購以足需
要醫療用血清。在本省尚未能製造前設法向中
央充分購儲備用，至滅鼠及治療之重要藥品擬
請中央充分撥發。

二、防疫用器材

關於各項防疫用器材，擬就省方原有者儘量予
以整修並設法仿製，再請中央充分撥助。

丙、工作實施

一、鼠疫苗預防注射

預計下年度全省至少注射一百萬人，擬飭各縣
區將全年度防疫經費百分之五十從速準備，早
日匯省由省統籌配售，以期注射得以普遍。

二、滅鼠與防鼠

查防止鼠疫之流行，殺滅鼠類最為重要，鼠數
減低至當地合數半數以下，有防止鼠疫流行之
可能，此乃多數專家所公認。除由防疫人員實
施滅鼠工作外，擬鼓勵民間蓄貓與捕鼠，但於
疫患流行時，應仍通知民眾遇有捕獲之鼠及死
鼠均不得自行移動，應立即報由衛生機關代為
處理，以防疫患傳播。至於防鼠，擬設法積極

改善環境衛生，加強防鼠設備，使鼠類無以維
生，減低繁殖以減少鼠疫之流行，如龍巖過去
曾為鼠疫流行區域，因其改善環境衛生及防鼠
工程實施之澈底，近年來即無鼠疫之發現。惟
此項工作須有嚴密合理之計劃及鉅量之經費與
物質，方能收效，短時間內大規模普遍實行，
在此戰時則不無困難，擬先由各衝要城市在可
能範圍內著手試行，再逐漸推廣於各地。

三、改善各地米倉及運輸米穀及食物船隻之管理

米倉構造不良則易蓄養鼠類，成為醞釀鼠疫之
源。食米之運輸亦多為鼠疫流行之重要原因，
據伯力士博士之調查研究，認為閩北一帶及南
平與福州本年鼠疫之流行，食米運輸實為傳播
之主因。關於米倉之改善，擬通飭各縣對於所
有屯米處所務使選擇高燥地點，倉房須凌空，
倉房構造應絕對嚴密，以防鼠類藏匿；至食米
運輸之管理，擬對於各地運輸米穀及其他食物
之船隻均加以嚴密之檢查，如有鼠類發現，在
未經適當處理前，不准裝卸及通行。

四、改善環境衛生

環境衛生之改善，在防疫實施上至關重要，擬
通飭各縣（市區）加強清潔運動最為重要者。
對於垃圾、糞便應作合理之處置，所有溝渠均
須加以澈底之疏通，再隨時由各防疫隊予以指
導與協助。

五、擴大防疫宣傳

擴大防疫宣傳以灌輸民眾防疫常識，俾得相當之協助，以利工作之推進。除由省防疫隊隨時於各地盡量宣傳外，擬飭令各縣可因地制宜，隨時利用機會舉行防疫宣傳運動，並於縣境及境內各衝要地區務須設置較大醒目之標語木牌，其木牌之大小及標語之詞句擬由省規定通飭遵行，以期整齊一致而免秩序紊亂，失去宣傳之意義。

六、加強治療工作

充實各省立醫院隔離病房室之設備及藥品，盡量增設病床，並通飭各縣（市區）均須預有妥善隔離場所之準備，俾疫患發生時得以隨時隔離，加以適當之治療。

七、有關鼠疫之調查與研究

此項工作裨益於鼠疫防治之處，實非淺鮮，擬對於所需之人力、物力均設法予以充實，俾利工作之推進。

丁、經費之預計

各項工作推進在在需款，故須有較足之經費方可收預期之效果，照上述之各項工作計劃計之至少需六百萬元。

● 福建省政府代電呈送追加防疫費三百萬元計劃概算案

文號：信字第 5215 號

日期：33 年 2 月 16 日

右案奉院長諭：「將衛生署於文到十五日內核復。」相
應通知衛生署

行政院秘書長

附件：抄送原代電暨檢附原計劃概算各一份

● 行政院會計處用箋

文號：信字第 8727 號

日期：33 年 3 月 3 日

查福建省政府呈編追加該省防疫費三百萬元計劃概算一
案，經飭據衛生署核復，尚無不合，擬准備案並分行主
計處、審計部、財政部。當否，乞示。

陳儒賡　謹簽

奉交閩省府呈送追加防疫費計劃概算一案應將核議意見復請查照轉陳由

文號：卅三防字第 3187 號

日期：33 年 3 月 1 日

行政院秘書處勛鑒：

案准貴處卅三年二月十六日發渝四信字第 5215 號通
知，以福建省政府代電呈送追加防疫費三百萬元計劃概
算案，奉諭交衛生署于文到十五日內核復等因，抄送原
代電一件暨檢附原計劃概算各一份到署。本案茲經核：
（一）閩省府呈院之「改進福建省防治鼠疫計畫概要」

印件依上原送本署之「改進福建省防治鼠疫工作計畫」
催編而成。本署經于本年二月三日後請編送工作進度及
預算書，並以卅三防字第 2598 號子江代電貴處察核轉
陳各在案；（二）追加防疫費三百萬元概算表計列，
（1）防疫藥品器材費一百四十萬元。（2）環境衛生改
善費一百萬元。（3）旅運費五十萬元。（4）防疫宣傳
費及（5）補助地方防疫費各五萬元等五項，尚屬可行；
（三）閩省對于防治鼠疫工作仍應據照原計畫妥訂之工
作進度。以上核議意見是否有當相應電請察照轉陳，賜
由鈞院飭將工作進度編呈核交，本署以利考核為荷。

衛生署防 33 丑東印

● **福建省防治鼠疫經費三百萬元計劃概算案**

文號：義嘉 5575 號

日期：33 年 3 月 15 日

公函／訓令

令財政部

查福建省防治鼠疫經費一案，前經本院核准追加參百萬
元並飭編呈分配預算分行在卷。茲據該省政府雲子元府
會1809 代電呈送防疫經費參百萬元計畫概算到院，經
核尚無不合，應准備案。除指復暨分行審計部、財政部
／主計處外，相應檢送／合行檢發原件函請查照/ 令仰
遵照。此令／此致國民政府主計處。

計送／發福建省防治鼠疫工作計畫概算各一份

公函

查福建省防治鼠疫經費一案，前經本院核准追加三百萬

元，並呈奉國防最高委員會核定在卷。茲據該省政府編送防疫經費參百萬元工作計劃概算與分配預算到院，經核尚無不合，應准備案。除指復暨分行主計處、財政部外，相應檢送原件函請查照。此致審計部。

計檢送福建省防治鼠疫工作計畫概算各二份

代電

永安福建省政府：

雲子元府會甲丑 1809 代電暨附件均悉，經核尚無不合，准予備案。至該省防疫工作仍應按照原計劃妥訂工作進度呈核為要。仰即轉飭遵照。

行政院寅刪渝四印

● **據閩省衛生處請將核准之防疫經費續撥一百萬元一案應請察核辦理見復由（國民政府行政院）**

文號：信 11848 號

日期：33 年 3 月 22 日

擬辦：查追加福建省防疫費三百萬元案，其中來撥之一百萬元，早經由院飭財部迅撥在卷。

擬辦：本件擬存。

陳儒賡　3.22

● **衛生署快郵代電**

文號：卅三防字第 4307 號

日期：33 年 3 月 22 日發

行政院秘書處勛鑒：

查關于閩省追加卅二年度防疫經費參百萬元案，前准貴

處本年一月廿八日義嘉字第 1937 號函，已由院緊急命
令飭庫墊撥二百萬元在案。茲據福建省衛生處三月■寅
冬熙會永 0542 號代電稱：查本省防疫費二百萬元業已
照收。惟本省防疫工作積極推進需款孔亟，尚有未撥
二百萬元，仍懇即請據前照撥，以利工作等情；相應查
核辦理見復為荷。

衛生署防 33 寅養印

● **福建省防疫費一百萬元尚未核撥出案（行政院秘書
處稿）**

文號：義嘉 7212 號

日期：33 年 4 月 1 日

公函

准貴署卅三年參月廿二日防字第 4307 號代電，以據福
建省衛生處代電，略以該省防疫經費尚有一百萬元未
撥，懇轉請提前照撥等情，請察核辦理見復等由。准
此，查本案前經由院飭財政部迅撥在卷，相應函復查照
並轉飭遵照為荷。此致衛生署。

秘書長

奉交核福建省政府電請迅撥防疫費案復請查照轉陳由

文號：67732 號

日期：33 年 3 月 27 日

案准貴處三十三年三月三月十一日 A 渝四字 20836 號
通知。以福建省政府電催迅將其餘防疫費一百萬元電撥
濟急一案，奉諭「交財政部迅速撥發」等因，通知到

部。查福建省防疫費一百萬元案於本年二月廿五日飭庫電撥該省府濟用在案，准通知前由，相應復請查照轉陳為荷。此致行政院秘書處。

財政部長孔祥熙

行政院來電紙

文號：20143 號

重慶行政院院長蔣：

密。本省奉諭追加防疫費三百萬元，懇飭財政部電撥濟用。

劉建緒 12.31 印

擬辦：查追加福建省防疫費三百萬元，業經本院以緊急命令飭庫先行電撥二百萬元，並分轉該省在案。

擬辦：本件擬存。

陳儒賡　謹簽　1.6

行政院來電紙

文號：20836 號

重慶行政院院長蔣（32）年度尚有防疫費一百萬元，請賜電撥濟急。

職劉建緒 叩（03.02）印

擬辦：擬飭財政部從速撥款

陳儒賡　謹簽　3.5

福建省政府電催迅將其餘防疫費一百萬元電撥濟急案（行政院交辦案件通知單）

文號：A 渝四字第 14836 號

日期：33 年 3 月 11 日

右案奉院長諭：「交財政部迅速撥發。」相應通知財政部。

行政院祕書長張厲生

● 為奉擬訂防治鼠疫工作計劃進度表請核示

日期：33 年 10 月 4 日

重慶行政院兼院長蔣、副院長孔鈞鑒：

查本省前送改防治鼠疫工作計劃概要及概算請核示一案，經奉鈞院三十三年三月十五日義嘉字 5575 號代電開：「經核尚無不合，准予備案。」至該省防疫計劃仍應按照原計劃妥訂工作進度呈核為要，仰即遵照等因；據此，遵所飭據擬訂防治鼠疫工作進度表前來，經核尚無不合，附原件隨電送請查核示遵。

福建省政府主席劉建緒（支）

附呈本省三十二年度防治鼠疫工作計劃進度表七份

三十二年度改進本省防治鼠疫工作進度

工作項目／分月進度

一、加強防疫機構

一月	調整充實省防大隊之組織
二月	調整充實省防大隊之組織
三月	分醫療大隊聯繫防治鼠疫
四月	
五月	
六月	
七月	
八月	
九月	
十月	籌組省防疫委員會，籌備各重要地區防委會分會
十一月	籌組省防疫委員會，籌備各重要地區防委會分會
十二月	增設防疫大隊龍巖分隊

二、充實防疫藥械

一月	衛生試驗所趕製鼠疫苗
二月	購儲大批疫苗及藥械
三月	請中央補助疫苗及藥品
四月	趕造疫苗
五月	趕造疫苗
六月	趕造疫苗
七月	趕造疫苗
八月	趕造疫苗
九月	趕造疫苗
十月	趕造疫苗
十一月	籌設福州衛生試驗所辦事處
十二月	繼續趕製疫苗

三、普通預防注射

一月	飭各縣衛生院備款購苗
二月	飭各縣市普遍預防注射
三月	繼續普遍預防注射
四月	繼續普遍預防注射
五月	繼續普遍預防注射
六月	繼續普遍預防注射
七月	繼續普遍預防注射
八月	繼續普遍預防注射

九月	繼續普遍預防注射
十月	繼續普遍預防注射
十一月	繼續普遍預防注射
十二月	繼續普遍預防注射

四、滅鼠與防鼠

一月	飭各縣屬行滅鼠運動
二月	獎勵及強迫捕鼠與蓄貓
三月	獎勵及強迫捕鼠與蓄貓
四月	獎勵及強迫捕鼠與蓄貓
五月	獎勵及強迫捕鼠與蓄貓
六月	獎勵及強迫捕鼠與蓄貓
七月	獎勵及強迫捕鼠與蓄貓
八月	獎勵及強迫捕鼠與蓄貓
九月	獎勵及強迫捕鼠與蓄貓
十月	獎勵及強迫捕鼠與蓄貓
十一月	獎勵及強迫捕鼠與蓄貓
十二月	獎勵及強迫捕鼠與蓄貓

五、改善環境衛生

一月	飭各縣市進行清潔運動
二月	飭嚴密管理糞便與焚毀並清溝渠
三月	飭嚴密管理糞便與焚毀並清溝渠
四月	飭嚴密管理糞便與焚毀並清溝渠
五月	飭各縣市注意飲食分配管理
六月	飭各縣市注意飲食分配管理
七月	實施飲用水管理
八月	實施飲用水管理
九月	實施飲用水管理
十月	有關衛生商店雇員訓練
十一月	有關衛生商店雇員訓練
十二月	進行清潔運動

六、擴大防疫宣傳

一月	飭各縣市灌輸民眾防疫常識
二月	飭各縣市灌輸民眾防疫常識
三月	各衛生防疫機關仿製各種標語及傳單
四月	各衛生防疫機關仿製各種標語及傳單

五月	飭各縣學校機關團體作擴大防疫宣傳
六月	飭各縣利用機會作防疫宣傳
七月	飭各縣利用機會作防疫宣傳
八月	飭各縣利用機會作防疫宣傳
九月	飭各縣利用機會作防疫宣傳
十月	飭各縣利用機會作防疫宣傳
十一月	飭各縣利用機會作防疫宣傳
十二月	飭各縣利用機會作防疫宣傳

福建省政府電送（32）年度防治鼠疫工作計劃進度表案（行政院交辦案件通知單）

文號：興四字第 34285 號

日期：34 年 9 月 10 日

右案奉院長諭：「交衛生署。」相應通知衛生署。

三　行政院檔案 福建全省防疫總所組織 規則及修正衛生處防疫 大隊暫行組織規程

原案單位：行政院

移轉單位：行政院

典藏單位：國史館

● **衛生署案呈福建省政府咨送福建全省防疫總所組之 規則等章則請轉呈備案一案經將福建全省防疫總所 組織規則酌予核正呈請鑒核備案令遵由**

文號：渝衛字第 000037 號

日期：27 年 6 月 20 日

衛生署案呈，准福建省政府二十七年一月五日咨內開： 「查本省前因閩北松溪等縣發生鼠疫，經商由貴署派員 來閩調查防治，並設立閩北防疫處，於本府民政廳內復 設防疫專員，即派貴署技正楊永年兼任，辦理防疫工 作，業經咨達在案。本年一月間福清縣第一區迎兜地方 發現鼠疫，旋蔓延於閩南惠安、晉江、莆田、仙遊、永 春、韶安、武平、南平、海澄、廈門等處勢甚猖獗，其 時適值閩北防疫所將次結束，所有民政廳衛生科技術人 員，悉數分派防治，尚感不敷，復經電商貴署仍派楊永 年攜帶人員、藥械來閩辦理防治事宜，並蒙行政院第三 零八次會議通過核准由財政部撥款三萬元，本省自籌二 萬元，專充防疫經費。又奉軍事委員會委員長蔣飭由軍

需署撥款二萬元協助，旋經籌撥設立全省防疫總所，其
下分設閩南、閩西、閩北防疫所、福清惠安、松政防疫
分所，及莆田、仙遊、龍巖、松政防疫隊，取消防疫專
員，即派楊永年兼任總所所長，於五月一日在晉江正式
成立，附屬各防疫所防疫分所亦即次第委員充任，先後
開辦。各該所組織規程簡則並據分別擬訂，呈府修正飭
遵照辦理。茲據該總所將修正各項規則呈送前來，除指
令外相應抄同原件咨請查核，轉呈行政院備案，並祈見
復。」等由；附送福建全省防疫總所組織規則、福建全
省防疫總所閩南防疫所組織規則、福建全省防疫總所閩
北防疫所組織規則、福建全省防疫總所閩南防疫所惠安
防疫分所組織簡則，又福清防疫分所組織簡則，又莆仙
防疫隊組織簡則、福建全省防疫總所龍巖防疫所組織簡
則、福建全省防疫總所閩北防疫所松溪防疫分所組織簡
則到部。經核上項規則，以福建全省防疫總所組織規則
一種係屬主要規則，大致尚屬可行。惟於官制上或條文
上尚有應行修正之處，茲由部酌予分別核正，是否有
當，理合繕呈核正規則，呈請鑒核備案，指令祗遵。至
其餘七種章則，均係上項規則之附屬章則，而條文內容
則閩南、閩北兩防疫所之組織規則相似，各防疫分所暨
防疫隊之組織簡則，亦大部可以通用，宜分別改訂為福
建省各地防疫所組織通則、福建省各地防疫分所組織通
則、福建省各地防疫所防疫隊辦事通則。又龍巖防疫所
組織內容與防疫分隊相似，可適用防疫分所組織通則。
關於諸種通則中，應依名稱而修正文字之處，擬交由該
總所查照改正以省手續。除咨復福建省政府查照飭遵

外，合併陳明。謹呈行政院。

　　　　　　　　　　　　　　　內政部部長何鍵

計附呈福建全省防疫總所組織規程一份

福建全省防疫總所組織規程

第一條　福建省政府為杜絕疫癘傳染並實施預防起
　　　　見，特設全省防疫總所（以下簡稱本總
　　　　所），隸屬於福建全省衛生處，辦理全省防
　　　　疫事宜。

第二條　本總所址暫設於晉江縣。

第三條　本總所為便利業務進展，期收防疫速效起
　　　　見，得呈准省政府於適當地點設置防疫
　　　　所、防疫分所、防疫隊，並遞報內政部備
　　　　案。前項防疫所、防疫分所、防疫隊組織
　　　　規則另定之。

第四條　本總所設所長一人，薦任簡任待遇。承省
　　　　政府之命，辦理全省防疫事務並監督所屬
　　　　從事工作。前項所長人選由省政府咨請內
　　　　政部於衛生署技術人員中調兼之。

第五條　本所設左列各室：

　　　　一、技術室：掌理防疫之計劃調查、研究訓
　　　　　　練及宣傳事項。

　　　　二、總務室：掌理文書、會計，撰擬收發繕
　　　　　　校、譯電、銓敘、考勤、典守、印信；
　　　　　　編製預算、決算、出納款項；登錄會計
　　　　　　簿冊；購置物品及不屬於各室事項。

第六條　本總所設秘書一人，薦任。承所長之命，
　　　　審核文書及所長交辦事項。

第七條　技術室、總務室各設主任一人，薦任。總
　　　　務室並設會計員一人，委任。

第八條　本總所設技正四人至六人，薦任；待遇技士
　　　　六人至三十人；技佐十二人至二十人，均委
　　　　任。承長官之命，辦理防疫技術事項。

第九條　本總所設事務員八人，委任。承長官之命，
　　　　辦理應辦事項。

第十條　本總所因事物上之需要，得酌用僱員。

第十一條　本規則如有未盡事宜，得隨時呈請修正之。

第十二條　本規則自呈准公布之日施行。

● 簽呈用紙

文號：洪字第 4639 號

日期：27 年 6 月 24 日

查此案，內政部呈送福建全省防疫總所組織規劃，請予
備案等情。察核該所之職責為杜絕疫癘傳染，並實施預
防，且直隸於福建省政府（第一條），其組織頗為龐大
（參第六條至第九條），該省政府設置該項機關之用
意，固屬甚當。惟查該省已有福建全省衛生處之設置，
該衛生處之組織規程，經本院准予備案，及報告本年四
月十九日第 359 次院會，並呈准國府備案在案。依照該
衛生處組織規程第一條之規定，該處承省政府之命，掌
理全省衛生事項，其第四條一、四各款，關於傳染病之
預防及流行病之遏止事項，及各市縣法定傳染病之報告

事項，已均規定為其掌理事項範圍之內。是該省防疫總
所之職權，已包括於該省衛生處職掌之範圍，且同隸於
省政府之下，其薦委各職員，後就衛生處為多（參該衛
生處組織規程第六條至第九條），該兩種機關之職權何
以劃分，來呈並未敘照，不無疑義。查該衛生處既仍掌
理福建全省衛生事項，關於傳染病之預防等等，後已照
定為其職掌範圍，則該省防疫總所有無設立之必要，不
無從詳斟酌之餘地。參照國難時期各項支出緊縮辦法
一、四項之規定，該省防疫診所似予緩設置，其所辦事
業即予編併該省衛生處辦理，以節縻費而一事權。此件
似未便遽予核准備案，擬交內政部迅行核復後，以憑辦
理，當否仍請核示。再，來文所稱由本院第 308 次會議
通過核准由財政部撥款三萬元一節，現原卷無可稽考；
惟核與該防疫總所之應否設置問題，似無關係，謹並
陳照。

● 關於福建省政府設置全省防疫總所一案奉交迅行核復函達查照

文號：渝 5194 號

日期：27 年 6 月 27 日

箋函

貴部本年六月二十日呈院（渝衛字第 37 號呈），以呈
送福建全省防疫總所組織規則，請鑒核備案一案。查該
省已有福建全省衛生處之設置，其組織規則經本院指令
貴部准予備案，及報告第 359 次院會，並呈准國民政府
備案在案。依照該衛生處組織規程第一條之規定，該處

承省政府之命，掌理全省衛生事項，其第四條第一節之
各款規定，關於傳染病之預防及流行病之遏止事項，以
及各市縣法定傳染病之報告事項，已均規定為其掌理事
項範圍之內。該省防疫總所之職權，亦為杜絕疫癘傳染
並實施預防，故隸於省政府之下，其組織員額且就該衛
生處龐大，政府職權為何劃分，原呈並未敘明。再該防
疫總所之職掌事項，既已包括該衛生處之職掌範圍，有
無另行設置之必要，不無斟酌之餘地。據呈等情，經奉
院長諭：「應交內政部迅行核復。」等因，相應函達查
照。此致內政部。

行政院秘書長

簽呈用紙

文號：洪字第 6229 號

日期：27 年 8 月 24 日

查此案既據內政部陳明，福建全省防疫總所與福建全省
衛出處之任務不同，所擬改行其組織規則第一條條文亦
尚無妥適，該總所似應准予設置，擬提請院會通過後轉
呈國府備案，俟奉指令再行飭知內政部。當否，祈示。

● **函復關於奉交核復本部呈轉福建全省防疫總所組織**
　規則請鑒核備案一案審核情形請查照轉陳由（內政
　部公函）

文號：渝衛字第 000062 號

日期：27 年 8 月 20 日

案准貴處本年六月二十七日渝字第 5194 號箋函，關於
本部呈轉福建全省防疫總所組織規則請鑒核備案一案，

以奉諭總所組織員額，較福建全省衛生處龐大，而職掌事項又包括於該衛生處職掌範圍之內，該總所有無另行設置之必要，應交內政部核復等因，函屬查照等由；准此，查自民國二十四年至二十六年間，閩南北各地方先後發生鼠疫，蔓延廣袤，勢甚猖獗，人民死於疫症者極多。前衛生署以准福建省政府報告，迭經派員前往協同防治，時福建省尚未有衛生主管機關之設置，臨時於省政府內設置防疫專員主持其事，旋得逐漸撲滅。但據調查結果，如龍巖、莆田、仙遊、松溪、政和等處鼠疫，多以變為消長性流行，非澈底滅絕，無以杜鼠疫之復發。當經福建省政府之委託，由衛生署所派專門人員，擬訂防疫計劃，按程實施。惟以茲事體大，自非設置機關，不足以專責成而其速效，故有該防疫總所之設置，更於鼠疫根源地紛設防疫所、防疫分所、防疫隊等組織以利實施而便工作。復以總所以下各級組織之經費關係，凡屬重要工作人員，多係由總所職員中調兼，以是該總所編制在表面上形成龐大之現象。嗣福建省政府鑒於鼠疫之危險及防治之不易，亟思勵行公共衛生以樹基礎，始有全省衛生處之設置，是乃一通常衛生行政主管機關。雖亦主管防疫事項，但立於指導監督之地位，較之該總所之專為根絕鼠疫實地工作者，任務上不無稍異，故其編製亦較該總所略簡。茲仰體鈞院意旨，擬改訂其組織規則地一條條文為「福建省政府為根絕全省鼠疫實施防治工作起見，特設全省防疫總所，直隸於省政府，並受全省衛生處之指導監督，辦理防疫事宜」，俾明示其職責，並使與全省衛生處發生聯繫。再該總所之

設，純係由福建省鼠疫之特殊情形，依照防疫計劃，實施根絕工作，屬於臨時性質，且已實施有時，如果中途變更組織或恐影響計劃，擬請鈞院核准福建省政府設置該防疫總所，以指導所屬各級組織，繼續工作，俾竟全功，是否有當，相應函復即請查照轉陳為荷。此致行政院秘書處。

● **福建全省防疫總所經提出院議決議准予設置其組織規則經本院會議修正通過呈請鑒核備案由（行政院稿）**

文號：渝 6990 號

日期：27 年 9 月 5 日

據內政部呈送福建全省防疫總所組織規則核備案一案到院。當以該防疫總所有無設置之必要，經交由內政部核復在案。茲據該部函陳該防疫總所應准設立情形，經提出本院地三七八次會議決議「准予設置，組織規則修正通過。」理合繕同該規則具文呈請鑒核備案。謹呈國民政府主席林。

計繕呈福建全省防疫總所組織規則一份

● **擬呈為據內政部呈送福建全省防疫總所組織規則經本院會議修正通告繕呈鑒核備案指令准予備案**

文號：渝字第 1123 號

日期：27 年 9 月 8 日

令行政院

二十七年九月五日渝字第 990 號呈一件，為據內政部呈送福建全省防疫總所組織規則經提出本院第 378 會議修

正通過，繕呈鑒核備案由，呈件均悉，准予備案。附件
存。此令。

國民政府主席孔祥熙

行政院院長孔祥熙

內政部部長何鍵

● **行政院稿**

文號：渝字第 7242 號

日期：27 年 9 月 13 日

令內政部

該部呈送福建全省防疫總所組織規則，業經本院第 378
會議決議「修正通過」，並業經呈奉國民政府二十七年
九月七日渝字第 1123 號指令「准予備案」。合行抄發
修正條文，令仰知照，並轉行知照。此令。

計抄發修正第一、第三、第四三條條文一份

● **呈送福州市衛生事務所及衛生處防疫大隊組織規程**
　　請鑒核備案由

日期：32 年 3 月

案查前據本省衛生處呈擬福州市衛生事務所暫行組織規
程暨修正衛生處防疫大隊暫行組織規程請鑒核等情到
府，經審查提交本府三十一年十一月十八日委員會第
306 次會議決議，照審查意見通過；除分咨衛生署請予
備案外，理合抄同附該所及該大隊組織規程各一份，呈
請鈞院鑒核備案。謹呈行政院。

附抄呈福州市衛生事務所及修正福建省衛生處防疫大隊

暫行組織規程各一份

福建省政府主席劉建緒

四　國防部檔案 戰時疫情報告

原案單位：國防部史政編譯局

移轉單位：國防部

典藏單位：國家發展委員會檔案管理局

戰時防疫聯合辦事處二十九、三十年工作報告（摘錄）

第二篇　工作實施

甲、疫情之集中整理及轉播

乙、防疫設施調查

丙、防疫事項之設計

（一）擬其防上敵機散播鼠疫細菌方案

　　據報二十九年十月二十九日浙江鄞、衢兩縣發現鼠疫，其後者似與敵機散播鼠疫桿菌有關，爰于二十九年十二月五日召開第六次會議討論預防敵人施用細菌兵器各項問題，並徵求專家意見擬定防制敵機散播鼠疫苗實施方案建議有關機關通飭施行。

（二）擬具浙江衢縣鼠疫再度流行防制辦法

　　三十年三月五日浙江衢縣鼠疫再度流行，經于三十年四月擬定衢縣鼠疫再度流行之防治辦法，建議有關各合組機關通飭施行。

（三）擬具三十年度霍亂防治實施方案

　　三十年五月擬定「三十年度霍亂防治實施方案」，建議各合組機關通飭施行。

（四）對于防疫設計之建議

本處對于防疫設計暨技術指導事項推行不遺餘力，茲將各項重要事件表列如下，以示一斑。

建議機關	設計事項	時間
軍醫署	關于各師管區、團管區及補訓處補充國隊新兵普遍霍亂預防注射。	29 年 5 月
衛生署 軍醫署 紅會救護總隊部	四川涪陵將來發現霍亂時之防治辦法。	29 年 5 月
軍醫署 後方勤務部衛生處	請分飭各省辦事處及兵站衛生處對于各機關防疫人員、器材之運輸，及于交通困難時仍應與以便利及協助。	29 年 6 月
軍醫署 後方勤務部 衛生署	請商衛生署及紅會救護總隊部轉飭所屬在戰區工作之醫防隊應接受軍醫署各辦事處之指導諮詢。	29 年 6 月
後方勤務部衛生處 紅會救護總隊部	本衛生署通知山西省中條山瘟疫盛行，請通知中條山附近之防疫隊就近協同防治。	29 年 7 月
紅會救護總隊部	四川劍閣霍亂流行，請電知附近醫防隊注意防堵。	29 年 7 月
本處各組機關	請協助防治湖南霍亂。	29 年 7 月
軍醫署	第九陸軍醫院工作繁忙，不能派員前赴南充檢疫，請飭屬就近協助衛生署醫防隊之合川防治工作，並準備五十個隔離病床。	29 年 8 月
軍醫署	衛生署醫療防疫隊已赴遂寧、南充兩地辦理霍亂防治工作，請轉呈軍政部電知當地師團管區及補訓處予以協助。	29 年 8 月
軍醫署	川北霍亂流行，請轉知附近各新兵訓練機關注意時師預防注射。	29 年 8 月
衛生署	請派員調查川北霍亂流行情形，以資防治。	29 年 8 月
衛生署	據報四川江北縣之金劍山已發生疑似霍亂病例，請轉知漢宜渝檢驗所派員調查。	29 年 8 月
衛生署	為謀二十九年各重要傳染病之詳盡，經擬據二十九年度疫情總報告表格式，請通飭填報。	29 年 10 月
中國紅十字會救護總隊部	寧波先後發現鼠疫，電請撥發疫苗協助軍政部第二防疫大隊之防治工作。	29 年 11 月

建議機關	設計事項	時間
軍醫署 衛生署 紅會救護總隊部	請準備鼠疫疫苗及血清以便防治。	29 年 12 月
衛生署 紅會救護總隊部	請通飭於發現第一例時應用電報告。	29 年 11 月
軍醫署 衛生署 紅會救護總隊部	請指派人員負責研究鼠疫防治之環境衛生工作，並從速擬具方案。	29 年 11 月
本處各合組機關	浙江衢縣再度發現鼠疫，請速即調派人員協助工作。	30 年 3 月
衛生署	據報四川宜賓、夾江兩縣發現霍亂，請轉飭漢宜渝檢疫所注意防範。	30 年 4 月
衛生署 後方勤務部衛生處	請轉知贛省及第三戰區衛生主管機關防範衢縣鼠疫，因戰事緊張，轉入贛境。	30 年 4 月
本處各合組機關	據報湖北興山、秭歸、巴東一帶回歸熱及斑疹、傷寒流行甚厲，請飭屬防範以免蔓延。	30 年 5 月
本處各合組機關	湖南沅陵等地已發現霍亂，請飭屬注意防範。	30 年 6 月
衛生署	據報廣東饒平等地發現霍亂，請通知閩衛生處注意防範，並代電粵衛生處隨時將疫情具報。	30 年 6 月
衛生署	據報湘北、鄂西一帶回歸熱、斑疹、傷寒流行甚劇，請即派員調查。	30 年 6 月
本處各合組機關	浙江衢縣已設置鼠疫防治實施見習班，請酌派人員前往受訓。	30 年 8 月
衛生署	請電派湖南省衛生處處長張維迅赴常德聯合各有關方面組織臨時防疫聯合辦事處負責防治。	30 年 10 月
後防勤務部衛生處	請電派第六戰區兵站衛生處處長陳立楷在張維處長來到常德以前應即著手組織防疫聯合辦事處，一接到達並應會同負責辦理。	30 年 10 月
衛生署	鼠疫防治至感迫切，除鈞署已向中防處購訂鼠疫苗壹千瓶外，並乞轉請紅會向國外捐購各項防治鼠疫藥品（如 Sulfathiazole、Cyanager 等）以利防疫。	30 年 11 月
衛生署	請飭中防處對於鼠疫苗價格酌量減低，以利防疫。	30 年 11 月
本處各合組機關	擬請以本處為處理敵機擲下物品及防治鼠疫之常設機關，以利聯繫。	30 年 11 月

建議機關	設計事項	時間
本處各合組機關	本處專門人員甚感需要，擬請抽調細菌學、流行病學專門人員參加工作，並網羅各機關特殊技術人員及外籍專家充任本處顧問以備諮詢。	30 年 11 月
本處各合組機關	陳請繼續補充鼠疫疫苗及治療鼠疫各項化學藥品。	30 年 11 月
本處各合組機關	請通飭各地衛生防疫機關充實檢驗及防治設備以應需要。	30 年 11 月
本處各合組機關	請物色各地之研究細菌學、流行病學外籍醫事人員參加本處工作，並就近前往疫區實地考察其報。	30 年 11 月
各合組機關	請另飭各地軍民衛生防疫機構遇有敵機散播義務霍發現鼠疫應迅向本處報。	30 年 11 月
軍醫署、衛生署	關於各種防治鼠疫毒氣技術人員之訓練應請會同防毒處辦理。	30 年 11 月
本處各合組機關	由各戰區司令長官部衛生處負責聯合區內軍民衛生防疫醫療機關及外籍醫師在各城市組設聯防處主持敵機投散病菌及毒氣時之搜集證據、分發情報及實地防治工作。至雲南方面，則由昆明行營衛生處主持辦法。	30 年 11 月
軍醫署	請召集有關機關計畫防制敵機散播毒氣事宜。	30 年 11 月
軍醫署、衛生署	請會同召集陪都各有關機關討論防制敵機在重慶使用細菌兵器問題。	30 年 11 月
本處各合組機關	本處業組核定為防治鼠疫常設督導聯係機關，應請設法增加人員加強組織，以利事功。	30 年 11 月
本處各合組機關	原有戰時防疫聯合辦事處組織辦法請予鑒核。	30 年 11 月

丁、防疫工作之視察與協助

（四）浙江鼠疫調查

二十九年冬季，浙江鄞、衢兩縣先後發生鼠疫，傳與敵機投擲異物有關。本處主任委員容啟榮得報經會同衛生署衛生實驗處環境衛生系主任兼中國紅十字會總會救護總隊部衛生工程指導員過祖源、衛生署專員前國

聯防疫醫官葉墨、軍政部第二防疫大隊長劉經邦、衛生署衛生實驗處專員兼醫療防疫總隊醫務組主任祝紹煌等前赴浙江會同當地衛生處處長陳萬里、福建省防疫專員柯主光、軍政部第四防疫分隊長齊樹功等實地勘查，于三十年四月一日返渝。當時鄞衢兩縣鼠疫適告停息並無病例發現，經就調查所得編就「浙江鼠疫調查報告書」一冊，詳述流行經過，途中並乘便視察湘、贛、閩、粵、桂、黔等省防疫設施情形觀感甚多。

厥後于三十年三月五日浙江衢縣鼠疫再度告警，衛生署復派外籍專員伯力士、衛生署醫療防疫隊第四路大隊長周振、衛生工程師過基同率領防疫人員前往衢縣督導防治事宜。行至途中據報江西光澤亦發生鼠疫，復電飭順道視察該地鼠疫情形，並指示防治事項，竣于六月中旬先後與軍政部第二防疫大隊大隊長劉經邦、第三戰區司令長官部衛生處處長楊濟民暨浙省衛生處處長孫序裳等先後抵達義烏金華推動防疫工作，並決定衢縣之鼠疫防治著由衛生署醫防第四路大隊擔任；義烏之鼠疫防治著由浙江省衛生處擔任俾專責成，另收成效。

（五）湖南常德鼠疫之防治

湖南常德于三十年十一月中旬發生鼠疫，復傳與敵機散佈異物有關。本處特建議各有關機關派第六戰區司令長官部衛生處處長陳立楷、衛生署醫療防疫隊第二路大隊長石茂年、軍政部戰時衛生人員訓練所檢驗學組主任陳文貴連同湖南省衛生處主任技正鄧一韙、湖南省衛生處處長張維均于一月間先後到達常德指導防治，並由陳文貴主任確定鼠疫來源為敵機投散鼠桿菌所致。本處

為防止常德鼠疫傳染延及內地，曾建議衛生署電飭原在浙江之外籍專員伯力士趕赴常德督導防治，經于十二月二十一日到達。

戊、防疫書刊之編纂

（一）主編防疫手冊（防疫必攜）

    1. 霍亂防治實施辦法

    2. 天花防治實施辦法

    3. 鼠疫防治實施辦法

    4. 瘧疾防治實施辦法

● **三十年十一、十二月份疫情簡訊**

甲、鼠疫：

浙江

（一）流行經過

    衢縣：衢縣鼠疫自二十九年十一月間首告發現本年三月再度流行，疫勢頗猛，至七月份據報已有患者一五七例內死亡一四八例，七月以後則漸告平息。八、九月份雖無證實病例發現，但由衢縣臨時防疫處之鼠族研究結果，疫鼠仍多發現，印度鼠蚤指數則在一以上，按印度鼠蚤與鼠數相等時則可視為危象，是以前途頗難樂觀。十月份則無報告。十一月份則又檢驗證實鼠疫屍體二具，疫鼠六隻

    義烏：義烏鼠疫首發現于本年十月二日，此後則既有發現，經衛生署專員伯力士檢驗證實初在火車站一帶繼延及北門疫區逐漸擴大。自開

始流行至十二月二十九日止，共計病例一二一
例，死亡八十八例，疫鼠八十六隻。中間以
十、十一兩月流行較烈。十月份發現三十一
例，死亡二十八例造成病死率90%；十一月份
七十七例，死亡六十例，病死率77%；十二月
一日至九日發現十三例，死亡數目尚無報告。
疫鼠十月份四十例，十一月份三十七例，十二
月一日至九日僅有九例。茲將病死人數及疫鼠
數目列表如下：

日期	病例數目	死亡數目	疫鼠數目
10 月	31	28	40
11 月	77	60	37
12 月 1 日至 9 日	13		9
總計	121	88	86

（二）防治情形

（1）衢縣本年參加工作之防疫人員除浙江省衛生處防
　　疫隊及該縣原有之衛生防疫人員外，中央方面計
　　有衛生署醫防十七隊、軍政部第四防疫分隊、中
　　國紅十字會總會第三十一醫務隊、衛生署外籍專
　　員伯力士、醫療防疫隊第四路大隊長周振、衛生
　　工程師過基同等，另有福建省衛生處調派防疫技
　　術人員前往協助。該縣二十九年冬成立之臨時防
　　疫委員會，本年六月改組為臨時防疫處，周振、
　　伯力士、過基同均分別參加工作，對于其經常任
　　務計有患者及死亡之調查檢驗死鼠之解剖、檢驗
　　鼠蚤指數及鼠族之研究等。

（2）關于義烏方面，鼠疫自證實後該縣于十月十一日
成立防疫委員會，衛生署醫療防疫隊十六隊衛生
工程師過基同專員、伯力士、軍政部第二防疫大
隊大隊長劉經邦、浙江省衛生處處長陳萬里、技
正柯主光曾先後到達該地分別視察、調查、督導
防治事宜。衛生署醫療防疫隊第四路大隊長周振
亦于十一月二十三日自衢縣抵義烏視察，據報現
在義烏工作者除該地縣衛生院及省衛生處防疫人
員外，尚有衛生署第十六隊、軍政部第四防疫分
隊、浙江省衛生處柯主光率領臨時第二防疫隊之
一部人員云。

（3）衛生署第四路大隊長周振十二月八日電，已會同
外籍專員伯力士、第三戰區司令長官部衛生處楊
處長及浙江省衛生處孫處長赴金華、義烏推動防
疫工作，並決定衢縣鼠疫防治由衛生署第四路大
隊擔任，義烏由浙江省衛生處擔任。

（4）軍政部第二防疫大隊十二月六日電，軍醫署已令
第四防疫分隊派一小隊偕同紅十字會三一二隊赴
往義烏偕同防治。

（5）鐵道運輸司令陸福廷十二月九日報告，為防制義
烏鼠疫蔓延，計各項車自五日起均不准在義烏停
靠，並于蘇溪、義亭設檢疫處，凡由蘇溪、義亭
乘車軍民均須檢驗，憑證乘車以策安全。

福建

一、福建鼠疫去年一月至十月據報發現鼠疫地點計有
水吉、仙遊、政和、南安、漳浦、龍溪、長泰、

莆田、永春、得話、長汀、永安、羅源、連江、松溪、南平、建陽、建甌、邵武、順昌、平和等二十一縣。現該省防疫機構計有防疫所三所及防疫大隊，負責辦理全省防治鼠疫工作，各縣之衛生院現有之人員、器材對于鼠疫亦有相當經驗及準備。此外，中央方面尚有軍政部第四防疫分隊第二小隊及衛生署醫療防疫隊第十八隊，協助該省工作。

二、閩衛生處處長陸滌寰十二月四日電，查閩省各地鼠疫，邵武自九月至十一月病二十八人、死二十四人、愈四人；順昌自十一月五日至十六日病十五人、死八人、愈七人，兩處現均平息；永安十一月二十四日至十二月三日病七人、死六人、治療中一人；建陽、建甌現撲滅；永松、水吉正防治中；龍溪、羅源現有發生，已派員調查。

　　閩衛生處處長陸滌寰電報，永安自十一月二十四日至十二月九日計鼠疫預防注射九二五五人，約達人口三分之一，嚴密封鎖疫區已消毒三六六戶，薰蒸鼠穴二四四六處，封閉鼠穴二九四一處。各項工作現仍繼續進行，短期內疫勢可告平息。

　　衛生署醫療防疫隊第十八隊隊長張光溪十一月十七日報告，邵武之防疫機構十一月間由縣政府等機關組織防疫委員會，設有總務及醫務二科，下分（一）報告登記組。（二）調查組。（三）檢疫組。（四）預防注射組。（五）工程組。（六）隔離治療組。（七）預防注射、民房消毒及滅鼠工作。

● **全國疫情第 5 期**

31 年 2 月

湖南常德發現鼠疫及防治經過

（防治期間：三十年十一月十一日至三十年十二月卅一日）

一、鼠疫發現情形

　　自三十年十一月中旬以來，迭據第六戰區兵站衛生處處長陳立楷、湖南省政府主席薛岳、中國紅十字會總會救護總隊部總隊長林可勝、湖南省衛生處處長張維電告，敵機一架於三十年十一月四日晨空襲常德，彼時霧氛迷漫敵機飛行甚低，並未投彈但擲下穀麥、絮紙、氈棉及其他不明之顆粒狀物，多種分落于常德城內雞鵝巷、關廟街及東門一帶。當日下午五時警報解除後由防空指揮部、警察局及鎮公所分將敵機擲下物品送常德廣德醫院檢驗，該院經以革蘭氏染色法在顯微鏡下檢查，除發現多數之革蘭氏陽性桿菌外，並有少數兩極著色短型疑似鼠疫桿菌。嗣經該院作細菌培養重行檢驗結果相同，故當時在常德之醫務人員均認為類似鼠疫，惟當時因設備關係未能施行動物試驗不能證確（查鼠疫菌，經以革蘭氏染色法為革蘭氏陰性桿菌，在顯微鏡下檢查常顯兩極染色，即菌體兩端能染顏色而菌體中部則清晰不染，惟他種細菌如大腸桿菌在適當物理情況之下亦可檢得相同現象。故必須施行動物接種試驗，如為鼠疫桿菌在四、五日內該動物即行斃命，可由屍體解剖檢出各種特殊病態）。

　　十一月十二日晨，有蔡桃兒一名由家屬送赴常德廣

德醫院求治，該患者住常德關廟街，係于十一日晚驟發高熱，至十二日求治時有頭痛，周身不適及神志不安等症狀。當經該院作塗片檢驗發現有兩及染色桿菌頗與鼠疫桿菌類似，患者于時三日晨死亡。當于當日下午四時由中國紅十字會救護第二中隊長錢保康、第七三一隊隊長肯德（外籍醫師）、常德廣德醫院醫師譚學華會同作屍體解剖發現有可疑之鼠疫病理變化，內臟塗片亦發現有類似鼠疫桿菌。斯為常德第一例鼠疫患者，經臨床診斷及屍體解剖、顯微鏡檢查而斷定。

二、流行概況

常德自十一月十一日發現疑似鼠疫病例後，十一月十三日續發現一死亡病例，寓東門長清街，當經詢悉病者于十一日曾發高熱，十三日死亡，經作肝穿刺術檢查亦有類似鼠疫桿菌。嗣後于常德東門附近又相繼發現第三、第四兩病例，病者呈高熱及鼠蹊腺腫大等症狀，淋巴腺穿刺液塗片檢查均有類似鼠疫桿菌。第五病例于十一月十八日發現，有高熱、譫妄、鼠蹊腺腫大等病象，十九日病故。雖經屍體解剖，但未發現有特殊病理變化。

十一月二十三日常德關廟街發現第六病例患者龔操勝，于二十三日晚驟發高熱、四肢無力，繼有鼠蹊腺腫大現象，二十四日晚病故。經湖南軍政部戰時衛生人員訓練所檢驗學組主任陳文貴醫師于當日作屍體解剖、細菌培養及動物接種等試驗，由各種檢查之結果均證實為真正腺鼠疫，于是常德之有真性鼠疫遂屬確定。

常德自十一月十一日發現鼠疫至十一月二十三日計

有六例以後，直至十二月十三日迄無新病例發現，迨
十二月十四日及十九日發生鼠疫各一日。（茲將常德鼠
疫患者姓名及檢查經過列表于後）

三、防治經過

　　常德自三十年十一月十一日突然發現疑似鼠疫病例
後，有關各方紛電報告，湖南省政府、湖南省衛生處、
中國紅十字會總會救護總隊部、常德廣德醫院均有電報
告，衛生署第六戰區兵站衛生處亦有電報告。軍醫署
中央方面當經有關各方積極加緊協助防治，衛生署、軍
醫署及中國紅十字會總會除分調人員前往常德加緊防治
外，為防制敵機在其他各地有同樣舉動，計軍醫及衛生
兩署曾先後詳細商討防制辦法；戰時防疫聯合辦事處召
集緊急委員會，會議多次經擬就：（1）防制敵機散佈
鼠疫桿菌實施辦法。（2）補充防制敵機散佈鼠疫桿菌
實施辦法。（3）處理敵機擲下物品須知，業經呈請軍
事委員會及行政院發交有關各方按照辦理。此外，關于
防疫人員之分配與訓練藥品器材之準備與補充各地檢一
機構之設置，以及細菌兵器施用可能性之研究等等，均
訂有詳細辦法，按照實施。茲將此次常德當地防治工作
分項敘述如下：

（一）人員：此次參加常德鼠疫防治工作技術人員計
　　　　有第六戰區司令長官部、衛生處處長兼兵站衛
　　　　生處處長陳立楷、戰時衛生人員訓練所檢驗學
　　　　組主任陳文貴偕醫師檢驗技術員各二人；衛生
　　　　署醫療防疫總隊第二路大隊長石茂年、衛生署
　　　　第十四醫療防疫隊湖南省衛生處主任技正鄧一

趲、工程師劉厚坤等；中國紅十字會總會救護總隊第二中隊及第七三一隊、軍政部第九防疫大隊第三中隊、第四防疫大隊第一中隊、湖南省衛生處處長張維、衛生署外籍專員伯力士博士（Dr. R. Pollitzer）均于十二月中旬先後趕往常德指導防治事宜。

（二）器材藥品：防治常德鼠疫所需之疫苗及化學藥品係由衛生署、軍醫署及中國紅十字會總會救護總隊部分別運去大批鼠疫疫苗，及治療鼠疫化學藥品磺苯胺噻唑（Sulfathiazole）以濟需要。此外，衛生署及軍醫署續向中央及西北兩防疫處訂購鼠疫疫苗，並向國外訂購苯胺噻唑、氰化鈣噴霧器等等以備急需。湖南省衛生處派往常德防疫人員亦帶去一部分鼠疫疫苗、血清及各種藥品器材以濟應用。

（附件）常德鼠疫患者姓名及檢查經過

病例	病人姓名	性別	年齡	住址	發病日期	死亡日期	臨床及檢驗結果	檢驗醫師
1	蔡桃兒	女	11	關廟街蔡洪盛炭號（甲區）	30年11月11日	30年11月13日	高燒血片－有類似鼠疫桿菌（瑞式式染色法）屍體解剖－肝脾腫大肝脾塗片－有類似鼠疫桿菌	臨床診斷及顯微鏡檢驗－譚學華（廣德醫院醫師）屍體解剖-肯德（中國紅十字會救護總隊醫護隊隊長）、錢保康（中國紅十字會救護總隊第二中隊隊長）、譚學華

病例	病人姓名	性別	年齡	住址	發病日期	死亡日期	臨床及檢驗結果	檢驗醫師
2	蔡玉貞	女	27	東門內長青街（乙區）	30年11月11日	30年11月13日	高燒‐檢驗時已死亡肝穿刺標本塗片（瑞染）有類似鼠疫桿菌	臨床診斷及顯微鏡檢驗‐肯德、錢保康
3	聶述生	男	58	關廟街（乙區）	30年11月12日	30年11月13日	高燒、鼠蹊淋巴腺腫大淋巴腺穿刺塗片（瑞染）有類似鼠疫桿菌	臨床診斷及顯微鏡檢驗‐錢保康
4	徐老三	男	25	東門內楊家巷（乙區）	30年11月12日	30年11月14日	同前	臨床診斷及顯微鏡檢驗‐方德誠（常德衛生院院長）、譚學華
5	胡鐘發	男	？	關廟街（甲區）	30年11月18日	30年11月19日	高燒、譫妄、鼠蹊淋巴腺腫大屍體解剖結果肝脾塗片（革蘭氏染色）未查出鼠疫桿菌	臨床診斷‐方德誠顯微鏡檢驗及屍體解剖‐石茂年（衛生署醫療防疫總隊第二路大隊長）、譚學華
6	龔操勝	男	28	關廟前十八號（甲區）	30年11月23日	30年11月24日	高燒、軟弱無力、右鼠蹊淋巴腺腫大屍體解剖‐脾腫大，肝脾及腸之表面有血斑，胸腔及心包膜積水，心血右鼠蹊淋巴腺肝及脾之塗片（革蘭氏及石碳酸琉菫紫染色法）發現鼠疫桿菌，並由培養及豚鼠試驗證實。	臨床診斷‐李慶傑（軍政部第四防疫大隊技正兼戰時衛生人員訓練所第四分所防疫學組主任）、石茂年顯微鏡檢查‐陳文貴（軍政部戰時衛生人員訓練所檢驗學組主任）、石茂年屍體解剖‐陳文貴、劉培等細菌培養及動物試驗‐陳文貴、石茂年、李慶傑

病例	病人姓名	性別	年齡	住址	發病日期	死亡日期	臨床及檢驗結果	檢驗醫師
7	王瑞生	男	38	東門內永安街一保一甲八戶（乙區）	30年12月13日	30年12月14日	發冷熱、左腹股溝疼痛及淋巴腺腫大屍體解剖肝邊緣有多數小出血斑色點、脾腫大正面亦呈現出血斑點心血及淋巴腺液塗片均發現鼠疫桿菌	臨床診斷－方德誠顯微鏡檢查－石茂年、鄧一黌（湖南省衛生處技正）屍體解剖－石茂年、鄧一黌
8	王貴秀	女	15	沅安鎮九保一甲八戶	30年12月18日	30年12月19日	發熱、全身骨關節痠痛右鼠蹊腺腫大、淋巴肝脾組織塗片及培養檢查均發現鼠疫桿菌	臨床診斷及顯微鏡檢查－石茂年等屍體解剖－石茂年等
附註	（一）上例病例除第六例經細菌培養，及動物接種試驗確實診斷為腺鼠疫外，其餘各例之診斷係根據臨床症狀，屍體解剖及顯微鏡檢查。（二）甲區：關廟街一帶，乙區：東門一帶，見附圖。							

附件：常德發現鼠疫地點圖
（三十年十一月十一日至十二月三十一日）

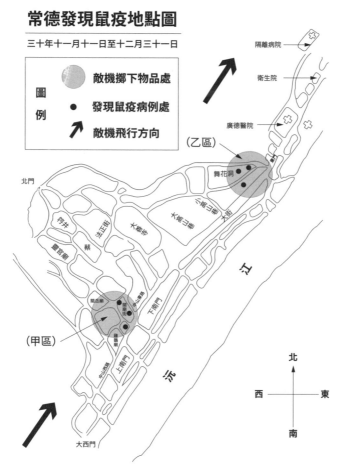

繪圖：溫心忻

附件：常德防疫組織系統及工作分配表

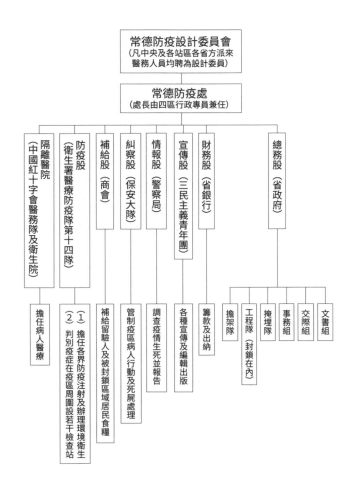

（一）組織及工作分配：

常德于三十年十一月下旬成立臨時防疫處以來求事權統一、指揮便利，由湖南省第四區行政督察專員歐冠兼處長第六、九戰區兵站衛生處、衛生署及中國紅十字會總救護總隊部等派在常德防治鼠疫之主管人員分任委員。該處設總務、財務、宣傳、情報、糾察、補給及防疫七股分由當地各有關機關負責主持。另設留驗所及隔離病院各一所，隔離病院設床五十張。茲將常德臨時防疫辦事處工作情形簡述于後：

（甲）搜集病例：由中國紅十字會總會救護總隊醫務隊三隊及衛生署第十四醫療防疫隊擔任診治工作，在常德四城門設置免費診療所，搜集鼠疫病例。

（乙）死亡調查：由軍政部第四防疫大隊第一中隊駐于常德警察局，附近遇有死亡病例報告即派員通知各醫務隊調查並填寫調查表。

（丙）隔離治療：此項工作由中國紅十字會總會救護總隊第二中隊醫務隊一隊擔任，遇有鼠疫病例即收容于隔離病院內予以治療。

（丁）檢疫工作：在隔離病院附近設置留驗所並劃定疫區，區內居民須全部遷入該所留驗，由軍警協助執行。此外由中國紅十字會四個醫務隊于交通要道設置檢疫站辦理來往旅客之檢疫事項。

（戊）滅鼠滅蚤：由衛生工程師設計辦理在街巷週圍築以短壁，再將地板鼠穴掘開，從事于捕鼠及滅蚤工作。三十年十一月下旬計捕鼠二百餘隻，

　　經解剖檢驗未發現疫鼠。

四、常德鼠疫疫源之探討與結論

（一）非由地方性之再度增熾

　　湘省沅江流域為霍亂流行之中心，自二十六年即有較週密之防疫組織注意嚴防疫癘，但未曾有發生鼠疫之傳聞。在昔東亞鼠疫大流行及國內鼠疫流行時非特湘北一隅未被波及，即華中區域亦從未有鼠疫傳佈，故常德鼠疫並非地方性之「再度增熾」。

（二）非由國內疫區之傳播

　　三十年浙江、江西、福建、廣東等省曾先後有鼠疫流行，其距常德較近之一區為浙江衢縣及江西光澤，但水陸交通相距約有二千公里之遙，按現在交通情況，即有感染鼠疫之患者，由衢縣或光澤前赴常德，則於其未及到達之途中，當已超過其潛伏期病症發作而無法繼續旅程，故直接由旅客傳播鼠疫於常德殊非可能。

　　根據流行病學而言，鼠疫蔓延恒因疫鼠及染疫跳蚤隨米運或其他貨物輾轉傳播。湘省夙稱產米地區，糧食係向外省輸出，不需仰賴外地之接濟，故鼠疫病原由外帶假借米糧運輸及於常德亦無可能。

（三）當地並無疫鼠之存在

　　腺鼠疫原為鼠類疾病，藉蚤為媒介將鼠疫桿菌傳於人體，故在人類鼠疫流行之前例，應有大批死鼠之發現。根據各地發現觀察所得腺鼠疫之流行，均先有鼠類死亡增加之事實，但此次常德鼠疫發生其前既未有死鼠之發現，即迄今檢查鼠類疫尚無染疫死鼠之紀錄，故可證明非受當地疫鼠之傳染。

（四）敵人施用細菌兵器之企圖

　　由上推論，此次常德鼠疫之流行並非因地方性再度之增熾，亦非因國內一區之傳播且當地鼠族並無感染，惟查三十年十一月四日晨，敵機之投擲異物卻為常德居民一致公認之事實。敵機所投擲之物品包括米麥、谷粒、棉花、紙片等物，依據醫學上之病原研究，腺鼠疫必須經由染疫鼠蚤叮咬而始感染，則此次棉花、紙片等物乃于蚤類以最良好之保護並利運輸。此次鼠疫病例據確實調查，復多居住城內敵機投擲物品最多之地區。

　　又通常腺鼠疫之潛伏期（由疫蚤叮咬受傳染日起，至發病日為止）為三日至七日間，有八日或十日者，此次最初之四病例，均係于十一月十一日或十二日發病，顯係於敵機擲下物品後不久即被感染。其經過期間最多為距敵機襲常德後之七、八日，與通常之潛伏期極相符合，尤以業經動物接種試驗證明之第六病例係於十九日由鄉間抵達常德，二十三日即發作，當可證明該病例於到達常德後旋即為病蚤所螫噬。其他病例發病日期較晚，此與病蚤之生存時間能達數週乃至數月之久，亦正適合。

　　根據上述各種事實及情況證據，可信敵機於三十年十一月四日在常德所擲下之棉花、紙片等物中必含有染疫跳蚤，因而直接傳染及於人類。雖吾人未曾於敵機投擲物中發現跳蚤，然當日空襲時間極長，疫蚤或已他竄，或於搜集時未及注意，均可使此種證據因而湮沒，所幸寇敵陷身泥淖日暮途窮，其行為雖屬卑鄙，其用心則極毒辣，終因我方防治嚴密未致蔓延。惟常德鼠疫雖

暫告肅清，但當地鼠族若遭感染則變成地方性病之危險，將來或恐有再度流行之可能，故當地衛生機關實應長期戒備。又今後應如何防範敵人於其他各地施行同樣之暴行，均有待吾人之努力亟謀對策者也。

防制敵機散佈鼠疫桿菌實施辦法（戰時防疫聯合辦事處擬）（附錄三）

一、請軍事委員會、行政院通令全國各軍政機關飭知敵人有利用細菌兵器之企圖，須嚴密防範。

二、請軍事委員會通令全國防空機關轉飭擔任防空監視哨之軍民等一致嚴密注意敵機擲下物品，並切實按照「處理敵機擲下物品須知」辦理。

三、由軍政部通令全國各地軍旅防疫機關一致注意防範，並充實防疫及檢驗器材。

四、由衛生署通飭全國各地省市衛生主管機關轉飭所屬一體注意防範，並準備防疫及檢驗器材。

五、由軍醫署、衛生署及中國紅十字會總會救護總隊部積極準備預防及治療鼠疫藥品，並會同向國外函請捐助各種治療及預防鼠疫器材，如氰酸氣噴霧器及 Sulfathiazole 等。

六、由衛生署令飭中央及西北兩防疫處充分準備鼠疫疫苗發售。

七、由衛生署印發預防鼠疫宣傳品。

八、由軍政部、衛生署分別令飭各軍旅、省市衛生機關設法訓練各該地之擔任空防人員，灌輸防疫及消毒常識，俾能于必要時措置裕如。

九、在某地有鼠疫發生時，該省衛生主管人員應立即馳
　　往該地，聯合當地有關各方組織臨時防疫聯合辦事
　　處，務于最短時間予以撲滅。

十、請軍事委員會通令全國對于防疫工作應軍民合作，
　　戮力同心以赴事功。

十一、如某地發生鼠疫，應由地方負責籌經費，極力
　　　防治，必要時得呈請中央或派員協助防治。

十二、如有鼠疫或疑似鼠疫發生時，應即按照戰時防
　　　疫聯合辦事處所訂之「疫情報告辦法」切實辦
　　　理之。

補充防制敵機散佈鼠疫桿菌實施辦法（民國三十年十一月戰時防疫聯合辦事處）

　　二十九年十一月浙江鄞、衢兩縣先後發生鼠疫，據
報敵機於事前曾在鄞縣、衢縣及金華等地擲下麥粟、跳
蚤以及帶有細菌之顆粒等物品。衛生署、軍醫署及中國
紅十字會總會救護總隊部奉命派員會同前往調查，經
實地勘查後得知敵機散播異物，事出倉促，各方多未注
意，以致各項證物之搜集、檢驗及保存均未能妥為辦
理，而失去揭露敵方利用細菌兵器之機會，至為可惜。
為亡羊補牢之計，當由戰時防疫聯合辦事處擬定防制敵
機散播鼠疫桿菌實施辦法案交請各合組機關執行。迨本
年十一月據報敵機在又在湖南常德、桃源擲落帶有細菌
之碎布、穀粒，旋常德即發生鼠疫，現正由中央、地方
主管軍民衛生防疫機關協同調查真相，並積極防治。查
利用人工方法散佈病菌為現代戰爭之最新武器，傳聞歐

美各國均已積極研究而於各種病菌中，尤以利用鼠疫桿
菌之可能性較大，故為預先防範，必須集中專門人員、
充實驗設備，期能利用科學方法證實敵人違背國際方法
之暴行，並揭制敵人細菌戰之實現。凡各重要城市必須
具有檢驗及防治設備，並應聘請外籍專科醫師協助工
作，隨時隨地予以佐證，以便將敵人陰謀公諸世界。復
查我國幅員廣闊，關於防制敵機散播病菌之實施，自非
中央設置一、二檢驗隊所能勝任，特指派全國衛生防疫
機構分工合作，長期戒備，必要時更由中央調派專門人
員協助至搜集敵機擲落病菌之證件，辦理不慎亦甚危
險，故擔任此項工作人員亦必予以專門訓練，方能應付
裕如。又鼠疫之預防及治療特效辦法等研究更屬刻不容
緩，爰再將前擬之防制敵機散佈鼠疫桿菌實施辦法酌予
補充，以利各方執行。

甲、機構

（一）防制敵機散佈病菌之機構在中央為戰時防疫聯
　　　合辦事處，在地方為各省市衛生主管機關及所
　　　屬各衛生防疫組織暨衛生署、軍醫署、中國紅
　　　十字會總會救護總隊三機關派駐各地之衛生防
　　　疫單位。

（二）戰時防疫聯合辦事處添聘專家，設置檢驗指導
　　　隊指導各地衛生防疫機關，辦理檢驗工作及設
　　　備之補充等事宜。

（三）經指定負責檢驗之衛生防疫機關負責就地檢驗
　　　敵機擲下之物品，對于附近無檢驗設備機關地
　　　帶，如有敵機擲下物品亦予以檢驗。

（四）各地擔任防空之軍民人等于發現敵機擲下物品
　　　後，如附近無檢驗設備，衛生防疫人員應即實
　　　按照「處理敵機擲下物品須知」辦理。

乙、人員

（一）調派專家參加戰時防疫聯合辦事處工作。

（1）衛生署調外籍專員、細菌學專家伯力士博士（Dr.
　　　R. Pollitzer）。

（2）軍醫署調派軍政部戰時衛生人員訓練所檢驗學組
　　　主任陳文貴。

（3）中國紅十字會總會救護總隊掉醫防指導員施正信。

（4）其他細菌學、昆蟲學、流行病學、病理學等專門
　　　技術人員由衛生署、軍醫署及中國紅十字會總會
　　　救護總隊部斟酌的情形調派或聘請。

（二）增請外籍專家參加或協助工作。

（1）外籍軍醫顧問。

（2）各地教會醫院外籍醫師。

（3）中國紅十字會總會救護總隊外籍醫師。

（4）國內各醫學院外籍教授。

（三）訓練專門工作人員以應需要，其負責訓練機關
　　　如後：

（1）昆明中央防疫處。

（2）蘭州西北中央防疫處

（3）貴陽中國紅十字會總會救護總隊部、軍政部戰時
　　　衛生人員訓練所。

（4）衢縣衛生署醫療防疫隊第一路大隊部。

（5）重慶衛生署中央衛生實驗院。

丙、器材

　　由衛生署、軍醫署及中國紅十字會總會救護總隊部儲備大量治療及預防鼠疫藥品，或向國內訂購，或向國外函請捐贈。其應立刻準備之器材及其數量如後：

（1）鼠疫苗三十萬瓶（每瓶四十公撮，足供四百八十萬人預防注射用）

（2）化學藥品（Sulfathiazole）兩噸（足供治療五萬鼠疫病例用）

（3）氰酸氣十五噸（殺鼠用及滅蚤用）

（4）噴霧器一百五十套（噴灑氰酸氣用）

（5）滅蚤用藥（■……）五千磅

丁、報告及檢驗

（一）各地如發現敵機擲下物品或發生鼠疫時，當地衛生機關應立電告衛生署軍旅衛生單位電告軍醫署其已有鼠疫發現之地方，應逐日將疫情電告衛生署或軍醫署。

（二）各地衛生防疫單位于得悉敵機擲下物品之報告時，立即搜集之予以檢驗並向直屬機關報告，如無檢驗設備則會同當地擔任防空人員按「處理敵機擲下物品須知」切實于以處理。

（三）指定下列機關負責檢驗敵機擲下物品：

（1）浙江方岩　　浙江省衛生處衛生試驗所

（2）浙江衢縣　　衛生署醫療防疫隊第四路大隊部

（3）江西泰和　　江西省衛生處省立醫院

（4）江西贛縣　　江西省利衛生試驗所

（5）江西吉安　　江西省立傳染病院

（6）江西弋陽　　軍政部戰時衛生人員訓練所第二分所
（7）湖北恩施　　湖北省衛生處省立醫院
（8）湖北老河口　軍政部第五防疫大隊
（9）湖北均縣　　軍政部戰時衛生人員訓練所第四分所
（10）湖南耒陽　　湖南省衛生處中正醫院
（11）湖南長沙　　軍政部第九防疫大隊
（12）湖南芷江　　衛生署醫療防疫隊第二路大隊部
（13）湖南衡陽　　衡陽實驗衛生院
（14）四川重慶　　中央衛生實驗院流行病預防實驗所
　　　　　　　　重慶市衛生局
　　　　　　　　市民醫院
（15）四川北碚　　中國預防醫學研究所
（16）四川成都　　四川省衛生處省立傳染病院
（17）河南洛陽　　河南省衛生處
（18）陝西西安　　陝西省衛生處衛生試驗所
　　　　　　　　軍政部軍醫學校第一分校
（19）陝西褒城　　軍政部戰時衛生人員訓練所第一分所
（20）甘肅蘭州　　衛生署西北防疫處
（21）福建永安　　福建省衛生處衛生試驗所
（22）廣東曲江　　廣東省衛生處衛生試驗所
（23）廣西桂林　　廣西省省立衛生試驗所
（24）雲南昆明　　衛生署中央防疫處
　　　　　　　　雲南全省衛生實驗處衛生試驗所
　　　　　　　　軍政部軍醫學校第二分校
（25）貴州貴陽　　貴州省衛生處衛生試驗所
（26）貴州安順　　軍政部軍醫學校

（27）其他

　　除前條所指負責檢驗機關外，各地教會、醫院應由地方衛生行政機關與以切實聯絡，並聘請該醫院外籍醫師協助所在地敵機擲下物品之檢驗。

　　各檢驗機關于檢驗敵機擲下物品後，應將檢驗結果向直屬主管機關呈報，並向重慶新橋戰時防疫聯合辦事處報告。

戊、研究事項

（一）敵機擲下物品檢驗方法－由戰時防疫聯合辦事處檢驗指導隊研究妥善，檢驗敵機擲下物品檢驗方法供各地檢疫機關參考。

（二）治療鼠疫之藥品－新近發明治療鼠疫之各種化學藥品，自于本年三月起已在浙江衢縣試用效果頗佳，由戰時防疫聯合辦事處所請之專家繼續研究其在鼠疫患者治療上之價值。

（三）鼠疫之預防注射－過去對于鼠疫預防注射係用三次注射法，第一次 0.5 公撮，第二、三兩次各 1.0 公撮，實施上頗多困難，由衛生署中央防疫處及西北防疫處研究一次完成之預防注射法。

（四）細菌兵器之運用及其防禦方法－由中央防疫處、西北防疫處、中央衛生實驗院以及國內各醫學院及醫事研究機關研究利用人工散播各種病菌之可能情形，其有效之防禦辦法。

處理敵機擲下物品須知（三十一年二月一日修正）

各地擔任防空之軍民人等於發現敵機擲下物品後應注意下列各項：

（一）所有擲下物品均應認為有沾染毒苗或毒物之可能，務須避免用手直接接觸，即所用掃除或集合該項物品之器具用後亦應消毒。

（二）嚴防擲下物品內摻有能傳染鼠疫之跳蚤。

（三）對擲下物品以立刻就地消滅為原則。

（四）當地如有檢驗設備之衛生機關，應通知派員採取一部分負責檢驗，其餘仍應予以消滅，至檢集該項物品之人員尤須特別注意避免跳蚤之叮咬。

（五）對擲下物品之地區如面積不廣，應先用消毒藥水充分噴灑，然後將該項物品集合一處用烈火澈底焚燒之；消毒藥品可用百分之二來沙兒或千分之一石炭酸，或煤焦油醇，或百分之五漂白粉溶液，或石灰水（石灰一份、水四份）

（六）如擲下物品甚多，沾汙之地區面積較廣，應儘量用消毒藥水噴灑整個地區並斟酌沾汙地區之情況將擲下物品澈底焚毀之；如消毒藥水不敷時，所有居民最好暫時離開，緣該地區如經有猛烈陽光之曝曬達六小時以上後，亦可收消毒之效。

（七）如擲下物品可供鼠食，更應注意澈底毀滅，若中摻有已染鼠疫桿菌之病蚤，則鼠類即易傳染，輾轉波及人類。

● 鼠疫疫情緊急報告第 20 號

日期：31 年 2 月 21 日

甲、湖南

疫情：

常德最後鼠疫病人一例係本年一月十三日發現；二月十日湖南省衛生處處長張維電告據伯力士專員檢驗常德關廟街死鼠十五隻，其中四隻經發現染疫。

處理情形：

（一）衛生署撥發鼠疫疫苗五千瓶、炭酸銀兩磅交醫療防疫隊第二路大隊攜赴疫區應用。

（二）衛生署電湖南省政府請飭屬注意防疫檢疫工作。

（三）衛生署代電川桂黔等省衛生處及公路衛生處站告知常德鼠族已染疫，飭注意防範。

乙、浙江

疫情：

浙江省衛生處二月十二日電告疫情如下。

（一）義烏：二月六日至十日鼠疫患者及死亡病例均無。

（二）東陽：郭宅有鼠疫發生。

處理情形：

衛生署再撥發鼠疫疫苗參千瓶交浙江省衛生處應用。

　　　　　　　　戰時防疫聯合辦事處主任委員容啟榮

● 鼠疫疫情緊急報告第 21 號

日期：31 年 2 月 27 日

甲、湖南

疫情：

常德無鼠疫疫情報告。

處理情形：

有關各方仍在繼續嚴密防範中。

乙、浙江

疫情：

浙江省衛生處二月廿一日電告疫情如下。

義烏：二月十一日至十五日鼠疫新患者及死亡均無，舊患者治癒一人。

處理情形：

有關各方仍在繼續嚴密防範中。

丙、福建

疫情：

福建同安縣衛生院本年一月廿六日代電報告，一月十八日據該縣第二區馬巷分院報稱該區振南鄉彭厝發生鼠疫，死亡約二十餘人

處理情形：

（甲）同安縣衛生院派醫師、護士攜帶藥品疫苗馳往疫區注射一一二人，並廣為宣傳預防方法，嚴密辦理消毒及隔離工作。

（乙）衛生署代電飭福建省衛生處查明加緊防治。

　　　　　　　戰時防疫聯合辦事處主任委員容啟榮

● 鼠疫疫情緊急報告第 22 號

日期：31 年 3 月 4 日

甲、湖南

疫情：

據衛生署外籍專員伯力士博士（Dr. R. Pollitzer）二月十二日函報自本年二月一日至十五日計檢驗老鼠五十四頭，其中十三頭染疫。

乙、浙江

疫情：

浙江省衛生處二月二十四日電告疫情如下。

義烏：二月十六日至二十日計有鼠疫患者四人，死亡三人。

　　　　　　　　戰時防疫聯合辦事處主任委員容啟榮

● 鼠疫疫情緊急報告第 23 號

日期：31 年 3 月 13 日

甲、湖南

疫情：

常德無鼠疫疫情報告。

乙、浙江

疫情：

浙江衛生處電告疫情如下。

二月十八日電：二月二十一日至二十五日鼠疫住院治療二人，死亡無。

三月四日電：二月二十六日至二十八日鼠疫患者治愈及在治各一。

三月九日電：三月一日至五日患者無。

　　　　　　戰時防疫聯合辦事處主任委員容啟榮

● 鼠疫疫情緊急報告第 24 號

日期：31 年 3 月 17 日

乙、湖南

疫情：

衛生署外籍專員伯力士博士關于常德鼠族及鼠蚤本年二月份檢驗報告如下：

（一）鼠族：檢驗老鼠一六八頭，經查出三十二頭染疫。

（二）鼠蚤：尋獲鼠蚤三三九頭，印度鼠蚤佔蚤類之百分數為 1.8。

（三）染疫鼠族之地點：常德鼠族染疫在城區各地均有發現。

防治情形：

衛生署飭據醫療防疫總隊組織第一衛生工程隊，積極籌備攜帶各項應用器材，於三月十七日起前往常德辦理滅鼠工作。

　　　　　　戰時防疫聯合辦事處主任委員容啟榮

● 鼠疫疫情緊急報告第 25 號

日期：31 年 3 月 23 日

乙、浙江

疫情：

浙江衛生處三月十三日電告，義烏鼠疫三月六日至十日

患者及死亡均無。

丙、福建

疫情：

一、福建衛生處電告：去歲十二月間，閩南龍溪等縣敵機散佈蛛絲狀物質，經衛生試驗所檢驗結果，未能發現鼠疫桿菌。

二、軍政部第二防疫大隊二月廿八日電稱：據第一中隊查報，去歲敵機在龍溪、廣德第四十師防地散佈形似蛛網毒物，同時發現腦膜炎及回歸熱。茲經詳細調查，實係報告之誤。

戰時防疫聯合辦事處主任委員容啟榮

● **鼠疫疫情緊急報告第 26 號**

日期：31 年 3 月 30 日

甲、浙江省

疫情：

浙江省衛生處三月十九日及二十五日電告疫情如下。

（一）義烏：三月十一日至十五日，患者二人，死亡一、治療一；十六日至二十日新患死亡一人、舊患在治者一人。

（二）東陽：自二月上旬迄今無疫患。

戰時防疫聯合辦事處主任委員容啟榮

● 鼠疫疫情緊急報告第 27 號

日期：31 年 4 月 6 日

一、湖南

疫情：

常德鼠疫自本年一月十三日發現一例後，至三月中旬迄未發現新病例。近據衛生署醫療防疫隊第十四隊電稱，三月廿四日及二十八日鼠疫各死民男一。

三、浙江

疫情：

浙江義烏鼠疫據該省衛生處三月廿八日電告，自三月廿一日至廿五日新患者及舊病人在治療者各一，死亡無。

五、福建

疫情：

（一）福建省政府四月一日電告，本省鼠疫復萌，近來發現地點計有龍溪、莆田、永安、金門、雲霄、平潭、漳浦、古田、南安、建陽等縣，目前情況已有流行趨勢。

（二）衛生署醫療防疫第四隊大隊長周振三月廿七日電，據醫防第十八隊電，古田縣鼠疫嚴重。

防治經過：

閩衛生處業已分別督導，並派員攜帶藥械前往各處防治。

　　　　　　　　　戰時防疫聯合辦事處主任委員容啟榮

● 鼠疫疫情緊急報告第 28 號

日期：31 年 4 月 13 日

一、湖南

疫情：

衛生署第十四巡迴醫防隊先後電告常德疫情如下。

（一）四月二日及三日鼠疫各發現一例，男性，均
　　　死亡。

（二）四月七日及八日鼠疫各發現一例，男性，均
　　　死亡。

防治情形：

衛生署已分電第六、九兩戰區司令長官及湘、川省政
府，並代電川、黔、桂省衛生處、衛生署醫療防疫總隊
及黔江、安順、馬場坪、桐梓、畢節各公路衛生站注意
檢疫。

三、浙江

疫情：

浙江衛生處四月三日電告，義烏鼠疫三月廿六日至卅
一日新患者三、死亡二；舊患者在治療中者一、治癒
者一。

　　　　　　　戰時防疫聯合辦事處主任委員容啟榮

● 鼠疫疫情緊急報告第 29 號

日期：31 年 4 月 21 日

一、湖南省

疫情：

（一）衛生署外籍專員伯力士電告，常德四月十日發

現肺鼠疫患者一例，女性。

（二）衛生署醫療防疫隊第二路大隊長石茂年四月
十九日電告，常德鼠疫四月十三日死女一，十
四日死男一，十五日死女一，十七日死男二，
病民男二、女一，內疑似肺疫一，十八日病民
男一、死女一，疫情嚴重。

防治情形：

（一）石茂年十九日電告，常德鼠疫嚴重，已電調醫
療防疫隊第四防疫醫院一部份及醫防第十隊全
隊來常工作。

（二）衛生署接第六戰區陳誠四月十二日電，關於常
德鼠疫流行已飭第二十集團軍總部會同第四防
疫大隊派員在湘省河仗、澧縣、漳市、南縣、
安鄉等地分設檢疫站辦理過境軍民檢疫工作。
查常德為產糧區域，關係本戰區軍食亟巨。目
前鼠疫實趨嚴重，若不即予撲滅為患堪慮，請
貴署飭派專員負責設法撲滅，以利戎機。

（三）衛生署已再電飭駐常各防疫人員一體注意加緊
防治，並加派該署防疫處處長容啟榮過日飛桂
轉湘督導防治工作。又適湘省衛生處處長張維
來渝述職，事關地方防疫工作重要，並令飭該
處長偕同容處長過日遄返疫區主持工作。

二、浙江省

疫情：

（一）義烏：浙江省衛生處電告，四月一日至五日新
患者死亡一例、舊患者治癒一例，六日至十日

新患者死亡一。

（二）衢縣：衛生署醫防第四路大隊長周振電告，衢
縣鼠疫復發，四月十一日發現患者一例。

（三）東陽：浙江省衛生處電，三月下旬又有鼠疫患
者死亡四例，四月二至六日新患者四人、死亡
二人。

四、福建

疫情：

（一）衛生署醫療防疫隊第十八隊二月九日代電，稱據
報福建莆田縣鼠疫發生死亡者計數十人。

（二）福建省衛生處電，前報古田鼠疫經積極防治後
現已平息。

　　　　　　　　　戰時防疫聯合辦事處主任委員容啟榮

● **鼠疫疫情緊急報告第 30 號**

日期：31 年 4 月 29 日

一、湖南省

疫情：

湖南省衛生處四月廿二日電告，常德四月十一日鼠疫死
民一，十二日肺型鼠疫死民一，敗血型死民一。

防治情形：

（一）衛生署前派防疫處處長容啟榮偕同湖南省衛生
處張維前往常德督導鼠疫防治工作，業于四月
廿六日由渝搭機飛抵桂林轉赴該地。

（二）湖北恩施陳司令長官誠四月十二日電：關於常
德鼠疫流行，已電飭第廿集團軍總司令部會同

軍政部第四防疫大隊派員在河、伏、澧縣、津
市、南縣、安鄉等地分設檢疫站，辦理過境軍
民檢疫工作。查常德為產米區域，關係本戰區
軍食至巨，目前鼠疫復趨嚴重，若不即予撲滅
為患甚虞。

（三）湖南第四區行政督察專員兼常德防疫處處長張
元祜四月一日代電，常德鼠疫流行，除日夜督
飭加緊防治外，茲將各項實施辦法如下，（1）
督飭原有防疫隊及衛生院挨戶按人口施行預防注
射。（2）發現疫死屍體即行火葬。（3）嚴厲舉
行交通檢疫，凡常德城內人民非經檢驗確無染
疫及經過預防注射後，不准外出。外來旅客非
經預防注射後，不准入內。（4）輸出貨物非經
消毒，不予放行。（5）價收死鼠，以絕疫源。
（6）決定每週舉行清潔大掃除，澈底清疏廁所
溝渠等。（7）舉行宣傳週，俾資家喻戶曉。
（8）臨時派軍警組織衛生警察執行防疫事務。

二、浙江省

疫情：

浙江省衛生處四月十八日電告，義烏、東陽兩地四月
十一日至十五日鼠疫患者及死亡均無。

三、福建省

疫情：

福州衛生局四月廿三日電告，本市四月十六日鼠疫死亡
民眾三人。

戰時防疫聯合辦事處主任委員容啟榮

委員左吉　代

● 鼠疫疫情緊急報告第 31 號

日期：31 年 5 月 5 日

一、湖南

疫情：

衛生署醫療防疫隊大隊長石茂年電，四月三十日桃源鼠族業已染疫證實，正防治中。

防治情形：

（一）衛生署前派赴常之防疫處處長容啟榮已於四月三十日抵東陽，定五月三日赴湘潭轉往常德。

三、福建

駐古田第七十軍軍長陳孔達四月二十二日電告，漳榕等地發現鼠疫，官兵已死數人。

四、浙江

浙江省衛生處四月廿九日電告，義烏四月二十一日至二十五日疫患及死亡均無。

戰時防疫聯合辦事處主任委員容啟榮

● 鼠疫疫情緊急報告第 32 號

日期：31 年 5 月 14 日

一、湖南

疫情：

（一）湖南省政府主席薛岳五月十日電告，敵機四月二十九日午在常德市空投物品，已由衛生署專員伯力士檢視無跳蚤，經顯微鏡檢驗無細菌，

動物試驗經五日亦無變態。

（二）衛生署醫療防疫總隊第二大隊長石茂年五月一日電告，常德四月十九日鼠疫死亡女一，二十日死亡死亡女一，二十五日患者民男一，死亡女一。

防治情形：

（一）衛生署防疫處處長容啟榮五月五日抵長沙，沿途視察，七日出席長沙防疫會議商討九戰區防疫計畫，九日赴常德。

二、浙江

據浙江省衛生處五月五日電告，

（一）義烏：四月二十六日至三十日鼠疫患者及死亡均無。

（二）東陽：四月二十六日至三十日鼠疫患者及死亡均無；據報近又有鼠疫發現，現正飭加緊防治中。

三、福建

衛生署醫療防疫隊第四路大隊長周振四月二十九日電告，安溪、水吉兩地發現鼠疫。

　　　　　　　　戰時防疫聯合辦事處主任委員容啟榮

● **鼠疫疫情緊急報告第 33 號**

日期：31 年 5 月 27 日

一、湖南省

衛生署防疫處處長兼本處主任委員容啟榮五月十日抵常，十一日往桃源調查常德鼠疫。五月一、三、十日各疫死一人，七日疫死二人，五日及十一日無新病例，恐

有漏報。

二、浙江省

浙江省衛生處電告疫情如下：

（一）浦江：五月十五日電，城區發現鼠疫。

（二）義烏：五月一日至五日及六至十日鼠疫患者及死亡均無。

（三）東陽：五月六至十日鼠疫患者及死亡均無。

四、福建省

軍政部第二防疫大隊第三中隊吳隊長五月一日電告，漳州（龍溪縣）鼠疫已稍緩，興田駐軍附近已發現肺鼠疫。

戰時防疫聯合辦事處主任委員容啟榮

● 鼠疫疫情緊急報告第 34 號

日期：31 年 6 月 5 日

一、湖南省

疫情：

（一）軍政部第四防疫大隊技正李慶傑五月廿八日電，桃源漆家河、莫林鄉發現肺鼠疫，死亡十六人，現有患者十人。

（二）湖南全省防空司令部李樹森六月一日電，據湘鄉縣政府四月二十九日電稱：「四月廿五日敵機八架，在湘鄉貢善鄉狗尾塘等處投下透明狀物甚多，內係黑色小顆粒，並投下腐敗禾草樣小束，兩端用紗布繚縛。」等情；已電請航委會、第九戰區司令長官部及湖南省政府派員前

　　　往檢驗。

防治情形：

（一）衛生署防疫處處長容啟榮及湘衛生處處長張維
　　　四月廿七日電，經會同第六、九戰區司令長官
　　　部衛生處陳、馮兩處長考察實際情形，並一再
　　　訪問霍總司令電話請示陳司令長官，簽以管轄
　　　系統與目前疫勢，決暫就常德已有機構加強組
　　　織，仍由霍總司令承陳、薛兩長官就近督導，
　　　派員協助聯同軍民力量加緊防治。

（二）容啟榮處長六月一日電告，常德鼠疫已達桃源，
　　　為免蔓延常德外圍，極應嚴格檢疫，擬請湘省
　　　政府即設湘西防疫處，下轄常德、桃源兩分
　　　處，及各檢疫所等，以便統一指揮，並請中央
　　　先撥防治費五十萬元。

二、福建省

軍政部第二防疫大隊大隊長何鳴九電告，據第三中隊吳
隊長五月廿六日電：漳州先後發生肺鼠疫三人，五月
十三日預九師輜重營士兵發生肺鼠疫一例，經診斷確定
已送隔離。

　　　　　　　　　戰時防疫聯合辦事處主任委員容啟榮

● **鼠疫疫情緊急報告第 35 號**

日期：31 年 6 月 15 日

一、湖南省

疫情：

衛生署專員伯力士六月二日電：

（一）臨澧：經詳細調查後，無疫症發生。

（二）桃源：桃源莫林鄉自五月十日至今疫死十六人，
　　　　第一例係由常德來此，五月十日死亡，最後一
　　　　人係五月三十日死亡。

防疫情形：

（一）衛生署六月六日以卅一防字 9642 號代電呈請核
　　　　發湖南省政府臨時防疫費壹佰貳拾萬元，並請
　　　　先以緊急命令發給四十萬元以資應急，並另呈
　　　　報軍事委員會鑒核。

（二）衛生署防疫處處長容啟榮偕陳立楷、張維兩處
　　　　長及伯力士專員于五月三十一日至桃源督導防
　　　　治鼠疫，並成立桃源防疫處。

（三）桃源莫林鄉第三、八、十保在嚴密監視中，已
　　　　成立隔離病院及檢驗所開始檢驗，並在漆家
　　　　河、大申鄉、羅家店成立防疫委員會注意情報
　　　　及檢查。

三、福建省

福建莆田縣涇江醫師李可信等九人六月十日電告，莆田
鼠疫盛行死亡多，懇迅派員攜帶藥品前來救濟，經衛生
署轉電閩衛生處查明防治具報。

　　　　　　　　　　戰時防疫聯合辦事處主任委員容啟榮

　　　　　　　　　　　　委員左吉　代

● 鼠疫疫情緊急報告第 36 號

日期：31 年 7 月 8 日

一、湖南省

疫情：

衛生署醫療防疫隊第二大隊長石茂年電告，

（一）六月二日鼠疫死亡一例，六月十五旬疫死一例。

（二）桃源：六月份無病例發現。

防治情形：

軍政部第九防疫大隊六月二日電告，由於常德疫勢嚴重，奉第九戰區司令長官部命，已派所屬第三中隊于五月廿八日開赴常德，業於五月卅日抵達該地。

四、福建省

（一）建甌：衛生署醫防第十八隊六月二日電，建甌於
　　　　五月廿七日同時發現鼠疫死亡二例，業已證實。

（二）惠安：福建鹽務管理局六月九日電，據報告惠安
　　　　縣山腰場鼠疫流行，日死數十人。

　　　　　　　　　　戰時防疫聯合辦事處主任委員容啟榮

　　　　　　　　　　委員左吉　代

● 鼠疫疫情緊急報告第 37 號

日期：31 年 12 月 4 日

一、湖南省

疫情：

（一）衛生署醫療防疫總隊第二大隊代理大隊長施毅
　　　　軒十一月十六日電告，常德縣屬之新德鄉石公
　　　　橋，距城四十五華里，於十一月六日發現腺鼠

疫，至十一月十五日已死亡二十人，曾經伯力
士專員檢驗鼠類塗片證實（按常德鼠疫自本年一
月至六月底共發現患者三十一例，七月一日又
發現一例，以後至十月底並無新病例發現）。

（二）湘西防疫處兼處長張元祜、副處長戴九峰十一
月廿六日電告，距石公橋十華里之鎮德橋於廿
日發現疫鼠，廿三日發現病例情形嚴重。

（三）施大隊長毅軒及伯力士專員十一月廿八日電告，
近三日來石公橋病四死二，鎮德橋病一死八。

（四）湖南湘西防疫處十月十三日電告，伯力士博士
檢驗常德城區內之鼠族最近疫鼠已由百分之
十五增至百分之廿五，情形嚴重，傳染堪虞。

防治經過：

（一）湘西鼠疫之防治工作線由湘西防疫處負責辦
理，該處分由湖南第四區行政督察專員張元祜
兼任處長、常德縣長戴九峰任副處長、衛生署
專員伯力士任技術顧問、衛生署醫療防疫總隊
第二大隊代理大隊長施毅軒任技術督察長。此
外，湖南省衛生處派衛生試驗所所長王世輔在
該處負責聯繫，至參加該處工作之軍民防疫衛
生醫療單位如下：

1. 衛生署：醫療防疫總隊第二大隊所屬第十四
巡迴醫療隊、第十巡迴醫療隊、第二衛生工
程隊、第二細菌檢驗隊及第四防疫醫院。為
加強該地防疫機構起見，最近已電調駐■■
之第十五巡迴醫療隊馳往參加工作。

2. 軍政部第九防疫大隊第三中隊及駐常德、桃源各軍醫院。

3. 湖南省衛生處巡迴衛生工作隊、常德衛生院、常德廣德醫院。

4. 中國紅十字會總會救護總隊第四中隊第 111、第 731 及第 472 醫務隊。

（二）衛生署醫療防疫總隊第二大隊代理大隊長施毅軒十一月十六日電告，新德鄉鼠疫已派一隊前往防治，本人即會同伯力士博士率領第二批人員前往督導一切。

（三）施毅軒、伯力士十一月二十八日電，石公橋已設隔離病院積極處理，該地疫區已築溝隔離，準備移民。據鎮德橋之棉花絮輸往湘西一帶，傳播堪虞，正擬管制辦法。

（四）湘西防疫處兼處長張元祜、副處長戴九峰廿六日電石公橋、鎮德橋疫勢嚴重，除加派醫務人員及設隔離病院外，並加派防疫糾察兵一排前往管制交通。

二、江西省

疫情：

（甲）江西衛生處電告鼠疫疫情如下：

（一）十一月八日電，廣豐發現鼠疫，經第六中心衛生院塗片檢驗，有類似鼠疫桿菌，但未作動物試驗，疫勢頗為嚴重。

（二）十一月十三日電，上饒十一月六日亦發現腺鼠疫，廣豐疫勢仍烈，郵電梗阻，詳情尚未據報。

（三）十一月十九日電，上饒廣豐鼠疫似稍殺，日來無新病例發現。

（乙）上饒第六中心衛生院院長劉任濤于一月廿九日電告，該地居民發現鼠疫多例。

（丙）軍事委員會黨令部轉下派往第三戰區聯絡參謀王征洋戎馬辰電稱：「此次浙贛戰役後戰地人、牲畜死亡殊多。現雖屆冬，今而衢州、廣豐、玉山、上饒等處有鼠疫流行，應急設法撲滅，積極防治。」（按衢州、玉山兩地鼠疫，本處尚未接有疫情，正在查詢中。）

浙江省衛生處九月廿一日電，慶元縣之屏都發現鼠疫。

防治經過：

（一）江西省衛生處十一月八日電，廣豐疫勢嚴重，城內外交通已封鎖，已調第六中心衛生院院長劉任濤，及省防疫總隊人員前往防治。

（二）衛生醫療防疫總隊已電調第六巡迴醫療隊馳往上饒；第三巡迴醫療隊往廣豐協助防治一切。

三、福建省

（一）軍政部第二防疫大隊十月十七日電告，建陽十月十日發現鼠疫，鏡檢證實。又十月廿二日電，順昌縣畫錦鎮民間發現鼠疫證實。

（二）第三戰區兵站衛生處十月廿二日電告，據駐浦城十三衛生汽車組十月十三日電報，該縣仙陽地方發現鼠疫甚厲。

戰時防疫聯合辦事處主任委員容啟榮

● 鼠疫疫情緊急報告第 38 號

日期：31 年 12 月 21 日

一、湖南省

疫情：

（一）衛生署醫療防疫總隊第二大隊大隊長施毅軒及專
員伯力士十二月十六日電告，常德縣屬石公橋、
鎮德橋兩處鼠族之疫勢仍繼續流行，十二月
十三日石公橋發現鼠疫患者一例在治療中。

（二）施毅軒大隊長十二月三日電告，石公橋共發現
疫死四十餘人，近一週來尚無新病例發現。

防治經過：

（一）施毅軒、伯力士十六日電告，鎮德橋封鎖區域
內，因軍隊突然調防無形開放，應即有士兵接
防。頃已電恩施第六戰區兵站衛生處處長陳立
楷，請其設法補救。

（二）第六戰區兵站衛生處處長陳立楷電復，常德鼠
疫增劇實深焦慮，本部已飭第四防疫大隊抽調
第一中隊攜帶防疫器材前往協助，業於十一月
二十一日到達石公橋開始工作。至鄂省如何周
密佈防，囑斟酌疫情詳為計劃一節，正與鄂省
衛生處盧處長研討中。

（三）衛生署黔江公路衛生站報告，常德鼠疫既告再
發，黔江地介鄂、湘、川三省臨界，檢疫工作
至關重要，除本站已分別妥洽黔江衛生院、運
輸統制局檢查站及地方憲警機關于必要時成立
聯合交通檢疫站外，並分別函請龍潭公路衛生

站及湖北之咸豐、來鳳等縣衛生院隨時交換疫
情，俾便及時準備實施檢疫工作。

二、浙江省

疫情：

浙江省衛生處十一月廿五日代電如下：

（一）龍泉縣：縣屬之小梅鎮與慶元縣毗連，本年五
月下旬至七月下旬居民中發現疑似鼠疫，死亡
六人，治癒一人。十月中旬又開始發現，先後
有疑似患者三例，其中死亡二例。

（二）慶元縣：鼠疫自二十八年由閩省蔓延入境後，
雖經過相當之防治，但各鄉間仍不斷有死鼠發
現。本年上半年于防疫人員嚴密防範之下幸無
發現。七月下旬縣屬之安仁鄉八都村居民楊某
家中先有死鼠發現，繼之染疫死亡。此後，該
村中即有不斷有染疫患者發現，至十月中旬止
共有患者二十二人。此外，尚有吳某九月中旬
在八都村染疫返縣城後死亡。同時，黃新鄉黃
壇村亦發現三例，死亡二例。十月下旬竹口區
曹田鎮疫死三例。綜計該縣境內先後發現鼠疫
患者三十人。

防治經過：

（一）龍泉縣上年（三十年）省衛生處即已派有臨時
防疫隊駐在該縣專任龍泉、慶元一帶鼠疫防治
工作。本年該隊改組為省醫療防疫隊第二分隊
仍駐原地，五月間該地開始發現鼠疫後，適值
省醫防隊因浙東事變移駐龍泉即力加防治該地

鼠疫，乃暫告就戢。迄至十月份又有病例發現，時省醫防隊仍在該地除繼續工作外，並於城區設施檢疫站實行檢疫工作，以杜蔓延。

（二）慶元縣鼠疫較為嚴重，由省醫防隊分隊協同縣衛生院加緊工作，另由該縣籌款設置防疫專責機關，並據呈省政府經核准撥給臨時防疫費三萬元，及大量鼠疫苗，俾便利工作。

（三）衢縣今年敵寇竄擾縣城，聞曾從事鼠疫防治工作，自經我方收復後，省衛生處乃派醫防隊長柯主光前往勘查，據報現為無疫患者，惟防疫工作人有繼續加緊實施之必要。十一月九日據該縣電報，專員公署所在地曾發現死鼠，經衛生院鏡檢有可疑鼠疫桿菌，疫病復發至為可慮。當再電飭省醫防隊柯隊長率該隊一部份人員前往協防，並飭該縣恢復臨時防疫機構，加強充實衛生機關，以利防治。

戰時防疫聯合辦事處主任委員容啟榮

● **疫情旬報第 1 號**

三十一年三月上旬

日期：31 年 3 月 21 日

一、鼠疫

甲、湖南

湖南常德過去從未聞有鼠疫發現之報告，卅一年十一月四日「敵機在常德上空散撥穀麥、絮片、氈棉及其他不明顆粒狀物多件，繼于十一日突告發現鼠疫，此

後則繼續有類似腺鼠疫患者發生。直至十一月二十三日發現之一病例，由戰時衛生人員訓練所檢驗學組主任陳文貴醫師經屍體解剖，細菌培養及動物接種等試驗證實，常德鼠疫至此乃告確定。綜計自十一月十一日至十二月底共發現患者八例，三十一年一月十三日又發現一例，迄今未再繼續發現。唯據衛生署派駐該地指導防治工作之外籍專員伯力士檢驗鼠族之報告，三十年十二月十四日至本年一月三日檢驗老鼠三十五隻，無疫鼠發現。本年一月三十日至卅一日檢驗老鼠二十四頭，染疫者五頭。二月一日至十五日檢驗老鼠五十四頭，染疫者十三頭。是知，常德鼠疫業已染及鼠族矣。

自常德鼠疫發現後，有關各方曾傳電報衛生署、軍醫署及中國紅十字會總會救護總隊除調派人員前往防治外，湖南省衛生處第六戰區及第九戰區衛生防疫主管人員亦分赴該地指導防治事宜。至參加常德實施工作人員計有第六戰區司令長官部衛生處處長兼兵站衛生處處長陳立楷、戰時衛生人員訓練所檢驗學組主任陳文貴、衛生署醫療防疫總隊第二大隊長石茂年、衛生署醫療防疫第十四隊湖南衛生處主任技正鄧一黌、工程師劉厚坤、中國紅十字會總會救護總隊第二中隊及七三一隊、軍政部第九防疫大隊第三中隊、第四防疫大隊第一中隊、湖南省巡迴衛生第三隊、常德廣德醫院。此外，湖南省衛生處處長張維、衛生署外籍專員伯力士博士亦于十二月中旬趕往指導一切。該地自卅年十一月下旬成立臨時防疫處，由湖南省第四區行政督察專員歐冠兼任處長。第六、九戰區兵站衛生處、衛生署及中國紅十字會總會救

護隊等派往常德協助防治鼠疫主管人員則分任委員，下
設總務、財務、宣傳、情報、糾察、補給及防疫七股，
又留驗所及隔離病院各一所，分由各有機關負責主持。

乙、浙江

（一）疫情：

衢縣：衢縣鼠疫自廿九年冬季初次發現，流行數
星期即趨消滅。三十年三月間再度流行後，截
至同年十二月底止，共計發現患者一六零例，
死亡一五一例。其間此三月至七月流行較為劇
烈，七月以後雖然有多量疫鼠發現，病例發現
極少。本年一月至二月十日無新病例發現，僅
發現疫鼠三隻耳。茲將三十年度鼠疫患者人數
及疫鼠數目分別列表如下：

衢縣染疫鼠數按月統計表

月份	檢驗鼠數	陽性		疑似	
		數目	百分數	數目	百分數
4	648	16	2.5		
5	381	19	5.0		
6	98	24	24.5		
7	137	20	14.6	13	9.5
8	187	16	8.5	12	6.4
9	389	21	5.7	30	8.1
10	331	17	5.1	15	4.5
11	249	16	6.4	36	14.4
12	168	4	2.4	12	1.2

浙江衢縣鼠疫患病人數按月統計表　卅年度

月別	病例數目	死亡數目
1	0	
2	0	
3	59	59
4	40	40
5	36	30
6	19	16
7	3	3
8	1	1
9	0	
10	0	
11	2	2
12	0	
統計	160	151

義烏：義烏自三十年十月間鼠疫突告發生，一時流行頗為猖獗，查其來源，極有由衢縣傳去之可能。至十二月底共計發現患者一四五例，死亡一一九例，迄今仍在繼續流行中。茲將本年一月至三月間發現患者人數列表如下：

義烏三十一年一、二月鼠疫病例數一覽表

月別	日別	患病人數	死亡人數	備考
1	1-5	1	0	疫鼠一隻
1	6-10	0	0	
1	11-15	2	1	
1	16-20	3	1	
1	21-25	1	0	
1	26-31	3	1	
2	1-5	1	2	
2	6-10	0	0	
2	11-15	0	0	
2	16-20	4	3	
2	21-25	0	0	

月別	日別	患病人數	死亡人數	備考
2	26-28	0	0	
3	1-5	0	0	
總計		15	8	

東陽：東陽城鄰義烏，三十年十一月二十五日
境內鄉民吳良鄉發現鼠疫，查其來源則係由
義烏傳入，輾轉流行於鄉間各村鎮。自三十
年十一月二十五日至十二月底止，共計發現患
者共四十一例，其中死亡四十例。三十一年一
月份發現死亡十九例，最初發現于該縣八里頭
等少數村落，繼續擴大，逐漸染及蔣林橋、廈
程里、葛塘、魏山殿裡塢畲店、冶金店里、歌
山、林頭等地。最近據浙江省衛生處二月十二
日電東陽郭宅亦有鼠疫發現。

（二）防治經過

浙江自衢縣三十年三月間再度發現鼠疫後，除浙江
省衛生處防疫隊外，衛生署醫療防疫隊第四路大隊、醫
療防疫隊第十七隊、軍政部第四防疫分隊（三十年底結
束，併入第二防疫大隊第四中隊）、中國紅十字會總會
救護總隊醫務、閩省衛生處派往之防疫技術人員衛生署
外籍專員伯力士、衛生工程師過基同等相繼前往協同防
堵。目前浙省防治鼠疫工作之分配，衢縣方面則由衛生
署醫療防疫隊第四路大隊大隊長周振負責；義烏、東陽
方面則由浙江省衛生處調派之專門人員負責以專責成。

丙、福建

福建鼠疫已有四十餘年之歷史，抗戰以來境內各

縣仍迭有流行。三十年度曾經發現地點計有水吉、仙遊、政和、南安、漳浦、龍溪、長泰、莆田、永春、德化、長汀、永安、羅源、連江、松溪、南平、邵武、建甌、建陽、順昌、平和等廿一縣，患者五二九例，死亡三三二例。本年一月六日永安城內又告發縣鼠疫病例數人。又據福建同安縣衛生院報告，一月十八日據該縣第二區馬巷分院報稱該區振南鄉彭厝發生鼠疫，死亡約二十餘人。

查福建鼠疫既成地方性傳染病流行，又如是頻繁，對於防治機構自有相當基礎。該省除設有防疫隊外，尚有永安、沙縣、南平三個防疫所，並各附設防疫醫院，以防治鼠疫為主要對象；中央方面除按年補助防治藥材外，並派有衛生署醫療防疫隊及軍政部防疫隊協助地方防治工作。

● **疫情旬報第2號**

三十一年三月中旬

日期：31 年 3 月 28 日

甲、湖南省

疫情：

衛生署外籍專員伯力士博士二月份檢驗常德鼠族及鼠蚤報告如下：

（一）鼠族：檢驗老鼠一六八隻，計溝鼠六八、家鼠八九、小鼠十一。經發現疫鼠三十二隻，計溝鼠九、家鼠二一、小鼠二。

（二）鼠蚤：尋獲鼠蚤三三九個，計印度鼠蚤六、歐

洲鼠蚤二七一、盲蚤六一、貓蚤一。

（三）疫鼠：疫鼠發現地點在城區各地，實際均已
波及。

● 疫情旬報第 3 號

卅一年三月下旬電報

一、鼠疫

甲、浙江省

（一）義烏：義烏鼠疫本年一月至二月患者十五例、
死亡八例；三月一日至十日吳患者及死亡；三
月十一日至二十日患者三例、死亡二例、在治
一例。

（二）東陽：東陽自本年二月上旬至三月二十日止未
曾發現鼠疫患者及死亡。

● 疫情旬報第 4 號

日期：31 年 4 月 11 日

戰時防疫聯合辦事處編印

電報掛號重慶 4004 轉

一、鼠疫

甲、浙江

疫情：

義烏鼠疫，據省衛生處電告，三月廿一日至十五日發現
患者一例；二十六日至卅一日新患者三例，死亡二例。

乙、湖南

疫情：

常德鼠疫本年度僅於一十三日發現鼠疫一例後，迄至三月中旬無新病例發現，但自三月下旬起又復繼續流行，計三月廿四、廿八日及四月二、三、七、八等日各發現病例一人，皆為男性之民眾。

防治情形：

（一）衛生署曾分電第六、九兩戰區司令長官及湘川兩省府，並代電川、黔、桂省衛生處、衛生署醫療防疫總隊部及黔江、安順、馬場坪、相梓、畢節各公路衛生站注意檢疫。

（二）為各地防疫人員實地見習，防治鼠疫實施工作起見，常德成立鼠疫見習班已於三月十七日開班。

丁、福建

疫情：

（一）據福建省政府四月一日電告，本省鼠疫復萌，近來發現地點計有龍溪、莆田、永安、金門、雲霄、平潭、章浦、古田、南安、建陽等縣，據醫療防疫隊第十八巡迴醫防隊三月下旬電稱，古田縣鼠疫流行嚴重。

● **疫情旬報第 5 號**

三十一年四月中旬

一、鼠疫

甲、湖南省

疫情：

常德自三月下旬鼠疫又開始流行後，截至四月八日止，

染疫民眾死亡六人。四月十日發現肺型女性病例一人，
嗣據衛生署醫療防疫總隊第二大隊長石茂年電告十三
日死女一，十四日死民男一，十五日死女一，十七日
死民男二、病民男二、女一（內有疑似肺鼠疫一），
十八日病民男一，死女一。

防治情形：

（一）衛生署鑒于常德鼠疫嚴重，除飭駐常德各防疫
　　　人員一體注意加緊防治外，復派衛生署防疫處
　　　處長兼本處主任委員容啟榮偕同來渝述職之湖
　　　南衛生處處長張維於四月廿四日起，起程前往
　　　常德疫區分別督導主持防治事宜。

（二）醫療防疫總隊第二大隊長石茂年已電調駐芷江
　　　第四防疫醫院一部份，及駐貴州黃平之第十巡
　　　迴醫防隊全隊到常工作。

乙、浙江省

疫情：

（一）衢縣：衢縣自本年一月至三月迄未發現鼠疫病
　　　例，但疫鼠仍不斷發現，計一月份發現四隻、
　　　二月份九隻、三月份（至廿六日止）十五隻。
　　　根據衛生署醫療防疫總隊第四大隊長周振電
　　　告，四月十一日又發現鼠疫一例。

（二）義烏：義烏鼠疫四月一日至五日新患者死亡一
　　　例，舊患者治癒一例，六日至十日新患者死亡
　　　一例。

（三）東陽：三月下旬疫死四人，四月一日至六日歌
　　　山發現新患者二人死亡，西宅新患者二人。

戊、福建

衛生署醫防十八隊二月間代電，閩莆田縣鼠疫流行發現病例十數起。

● **疫情旬報第 6 號**

三十一年四月下旬

一、鼠疫

甲、湖南省

疫情：

（一）常德：四月十一日發現鼠疫，死民一；十二日肺型鼠疫，死民一、敗血型死民一，關於常德鼠族及鼠蚤原檢驗情形見附表。

（二）桃源：據常德三十餘公里之桃源縣于四月三十日鼠族亦已染疫，業經證實正在防止中。

防治情形：

（一）衛生署黔派防疫處處長容啟榮偕同湘衛生處處長張維前往常德督導鼠疫防治工作，業于四月廿六日由渝搭機飛桂林，三十日已抵東陽，定於五月三日赴湘潭轉往常德。

（二）湖南第四區行政督察專員兼常德防疫處處長張元祜四月一日代電，常德鼠疫流行除日夜督飭加緊防治外，並訂有各項防治實施辦法（1）挨戶施行鼠疫苗預防注射。（2）火葬疫死屍體。（3）厲行交通檢疫。（4）輸出貨物嚴密消毒。（5）價收死鼠。（6）每週舉行清潔大掃除。（7）舉行宣傳週。（8）臨時派軍警組織衛生

　　警察。

丁、浙江省

（一）義烏鼠疫自四月十一日至十五日，十六至二十
　　　日，二十一至二十五日疫患及死亡均無。

（二）東陽四月十一至十五日疫患及死亡均無。

　　衛生署專員伯力士博士常德鼠族及鼠蚤檢驗統計表

甲、鼠族部分

鼠別	檢驗隻數	染疫隻數	染疫鼠百分率	疑似疫鼠隻數
溝鼠	194	19	9.8	22
家鼠	531	157	29.6	39
小鼠	85	5	5.9	15
共計	810	181	22.4	76

乙、鼠蚤部分

蚤別	尋獲隻數	蚤類百分數
印度鼠蚤	37	2.2
（東亞種）歐洲鼠蚤	1419	82.4
歐洲鼠蚤	23	1.3
盲蚤	242	14.1
人蚤	1	
共計	1722	100.0

丙、染疫鼠族之地點

染疫地點	檢驗隻數	染疫隻數	備考
關廟街	375	96	關廟街為敵機散播異物而最初染疫之地區
■河街（東）	106	23	
救濟院	115	14	
北門	105	26	
廣德醫院	95	21	
西門	12	1	
城外	2		
共計	810	181	

附註：

（一）本月份鼠族繁殖力甚高，經檢查之雌鼠多懷有孕或新近生產者。

（二）本月份下半月，尤其於最後數日染疫鼠族經檢查結果較隔月顯然增多。

（三）印度鼠蚤百分率雖然低，但可信該項鼠蚤必有較多數存在之地區，緣所尋獲之 37 隻印度鼠蚤中至少有15 隻係於三月十一日一天中所蒐集。

● **疫情旬報第 8 號**

三十一年五月中

二、鼠疫

甲、湖南省

衛生署防疫處處長兼本處主任委員容啟榮五月十五日自常德來電：常德五月一、三、十日鼠疫各死一人，七日死二人，五日及十一日無新病例，恐有漏報。

乙、浙江省

（一）浦江：據浙江省衛生處五月十五日電告，浦江城區發生鼠疫。

（二）義烏：五月一日至五日及六至十日鼠疫患者及死亡均無。

（三）東陽：五月六至十日鼠疫患者及死亡均無。

丁、福建省

軍政部第二防疫大隊第三中隊五月一日電告，漳州（龍溪）鼠疫已稍殺，興田駐軍附近發現肺鼠疫。

● 疫情旬報第 9 號

三十一年五月下旬

二、鼠疫

甲、湖南省

（一）桃源：桃源漆家河莫林鄉五月下旬發現肺鼠疫，
死亡十六人，現有患者十人。

（二）湖南全省防空司令部六月一日電，據報四月廿
五日敵機八架在湘鄉首善柳溝尾塘等處投下透
明狀物甚多，內係黑色小顆粒，並投下腐敗禾
草樣小束，兩端用紗布繚縛。

（三）附四月份常德鼠疫檢驗情形。

防治情形：

（一）以常德地方管轄系統與目前疫勢，決暫就常德
已有機構加強組織，仍由霍總司令秉承上峯就
近督導派員協助，聯同軍民力量加緊防治。

（二）常德鼠疫既達桃源、常桃外圍，極應嚴格檢疫，
擬由湘省政府即設湘西防疫處，下轄常德、桃源
兩分處及各檢疫站所等，以便統一指揮。

乙、福建省

軍政部第二防疫大隊第三中隊五月廿六日電告，漳洲先
後發生肺鼠疫三人，五月十三日預九師輜重營士兵發生
肺鼠疫一例，診斷確定，已送隔離醫院。

常德鼠疫檢驗情形

伯力士　四月份

甲、病人部份

四月份鼠疫患者共八人，另有屍體十一具，經檢驗證實亦為鼠疫病例。此十九例中，計腺鼠疫九人、敗血形鼠疫八人、肺鼠疫二人。

乙、鼠族部分

鼠別	檢驗隻數	染疫隻數	染疫鼠百分率	備考
溝鼠	72	20	27.8	另有溝鼠四隻有染疫嫌疑
家鼠	256	134	52.3	另有家鼠十四隻染疫嫌疑
小鼠	31	5	16.1	另有小鼠二隻鼠疫嫌疑
共計	359	159	44.3	另有染疫嫌疑隻老鼠二十隻

丙、鼠蚤部分

蚤別	尋獲隻數	蚤類百分數
印度鼠蚤	1	0.1
（東亞種）歐洲鼠蚤	741	67.4
歐洲鼠蚤	3	0.3
盲蚤	352	32.0
人蚤	2	0.2
共計	1.099	100.0

附註：

本月二十八日及廿九日檢驗桃源鼠族二隻（由桃源運常德），結果經證實一隻染疫，另有一隻有染疫嫌疑。

● 疫情旬報第 10 號

31 年 6 月上旬

二、鼠疫

甲、湖南省

疫情：

桃源縣鼠疫自五月十日至月底止，先後疫死十六人。首例李佑生五月四日自常德來桃源莫林鄉李家，數日後即發病（何日發病不詳）五月十日死亡。此後即染及其家屬、鄰居、親友，患者均係肺鼠疫；最後一例，五月三十日死亡，臨澧縣據調查尚無疫症染及。

防治情形：

一、衛生署呈奉行政院核發湖南省臨時防治鼠疫費柒拾萬元，並以緊急命令先發四十萬元以應急需。

二、衛生署防疫處容處長偕陳立楷、張維兩處長于五月卅一日至桃源督導防治鼠疫，並促成立桃源防疫處。

三、桃源莫林鄉第三、七、十保在嚴密監視下，已成立隔離病院及留驗所，並分別在漆家河、大申鄉、羅家店成立防疫委員會及檢疫站。

● 疫情旬報第 11 號

31 年 6 月中旬

日期：31 年 7 月 1 日

二、鼠疫

疫情：

常德六月二日疫死一例，桃源縣六月上旬未發現新

病例。

防治情形：

軍政部第四防疫大隊第一中隊鑒于桃源鼠疫自五月三十日以後未再發現新病例，即於六月十四日離莫林鄉。

● 疫情旬報第 12 號

31 年 6 月下旬

日期：31 年 7 月 16 日

鼠疫

甲、福建省

（一）建甌：六月廿八日發現鼠疫二例死亡。

（二）惠安：六月上旬該縣山腰場鼠疫流行，日死數十人。

丙、湖南省

疫情：

（一）六月十五日鼠疫死亡一例。

（二）六月份無病例發現。

防治情形：

軍政部第九防疫大隊六月二日電告，關於常德疫勢嚴重，奉命已派三中隊於五月廿八日由長沙出發赴常德，業於三十日抵達該地。

● 疫情旬報第 21 號

31 年 9 月下旬

日期：31 年 10 月 20 日

二、各地鼠疫流行情形

甲、浙江省

慶元縣自二十七年即開始發現鼠疫，嗣即呈地方性病之存在，年來迭有疫鼠及疑似患者發生。頃據浙江省衛生處九月廿一日電告，該縣之八都（居閩交通公路線上）發生鼠疫，當即派省醫防隊柯隊長率隊前往協助防治中。

乙、福建省

惠安縣山腰鄉前爆發縣鼠疫，經該縣衛生院報告自六月上旬至中旬先後發生腺鼠疫十六例，死亡十二例，經防治後當即撲滅。

● **疫情旬報第 24 號**

31 年 10 月下旬

日期：31 年 11 月 21 日

鼠疫疫情

江西省衛生處電告，該省廣豐縣發現鼠疫，經第六中心衛生院塗片檢驗有類似鼠疫桿菌，但未經動物試驗，疫勢頗為嚴重，城內外交通業已封鎖，自下旬已調派第六中心衛生院院長及省防疫總隊人員馳往防治。

● **疫情旬報第 25 號**

31 年 11 月上、中、下旬合編

日期：31 年 12 月 11 日

湖南省：

常德鼠疫自本年七月以後即無病例發現，至九月底似呈平息狀態，十月十二日湘西防疫處技術顧問伯力士博士

檢驗該地疫區鼠族報告：「數日來疫鼠自百分之十五增至百分之二十五，疫勢有呈再發之微」。旋于十一月中旬迭據湘西防疫處、衛生署醫療防疫總隊第二大隊電告，常德縣屬之新德鄉石公橋，距城四十五華里於十一月六日發現腺鼠疫，至十五日已死亡二十人，並經伯力士博士檢驗鼠類塗片證實。二十四日至二十七日石公橋又續發現患者四例，死亡二例。此外，鎮德橋亦發現患者一例，死亡八例，衛生署第二醫防大隊於發現鼠疫後，即派隊前往防治，頃以該方面疫勢嚴重，施大隊長毅軒會同伯力士博士率第二批人員又趕往督導一切。至該方面之防治工作，業已成立隔離病院；疫區已逐溝隔離，準備將居民遷移至鎮德橋。地方棉花為大宗，出產多輸往湘西一帶，極易將鼠類帶出傳染堪虞，現正由湘西防疫處擬訂管制辦法，以杜蔓延。

● **疫情旬報第 26 號**

31 年 12 月上旬

日期：31 年 12 月 26 日

湖南常德鼠疫之再發之防治經過

本年一月間常德城內關廟街胡姓子于城內染疫，回新德鄉石公橋（距縣城四十五華里）之家後發病死亡，繼之其家中女工亦染亦致死。曾經衛生署醫療防疫總隊第十四巡迴醫防隊派隊往處所調查以後即未再發，更未見有疫鼠。直至十月二十四日該地有突告發現第一鼠疫病例，此後幾每日均有死亡，至十一月廿四日止共計發現三十五例，死亡三十一例。此外，距石公橋十華里之鎮

德橋于十一月廿日亦告發現死亡二例，至廿五日止共死亡九例。綜計以上兩處共發現四十四例，死亡四十例，住隔離病院治療中有四例。經湘西防疫處派往人員調查結果，知在未發現病例前即已有死鼠發現，惜民眾未諳疫鼠死亡之先兆，釀此流行慘劇。按自七月以後，常德城內過去之疫區近月來疫鼠雖漸增高，然尚無病例發現之報告，唯鄉間已告流行。是知，疫區已呈逐漸向外擴大之勢。

防治經過：

十一月四日湘西防疫處即調派各項防疫人員攜帶一批藥材前往，在石公橋、鎮德橋兩處分設防疫臨時辦事處，並在石公橋設隔離分院，並由當地駐軍協助推進工作。現在該地之防疫單位，計有衛生署醫療防疫總隊第二大隊所屬之第十、十四巡迴醫防隊、第二衛生工程隊、第二細菌檢驗隊、軍政部第九防疫大隊第三中隊、紅十字會總會救護總隊第五二二隊常德中心衛生院、湘西防疫處之醫防總隊及隔離分院等九單位，在防疫專家伯力士博士指導之下，從事工作者計有三十餘人。此外，衛生署第十五巡迴醫防隊、軍政部第四防疫大隊第一中隊亦相繼趕往疫區協防。

福建鼠疫

（一）水吉：該縣小胡鎮十二月五日發現軍人鼠疫患者一例。

（二）古田縣：據縣屬陸鶴十公里之西洋十一月下旬發現鼠疫，已由第■■兵站醫院會同當地衛生機關防治中。

（三）浦城縣：據賑濟委員會副委員長屈映光十一月
　　　十九日電：自於浙贛戰事發生後，浦城頓居後
　　　方要道，軍隊、難民、學生廣集于此，近又發
　　　生鼠疫，急需設法撲滅，已由閩省賑濟會撥款
　　　購藥防治。

● **疫情旬報第 27 號**

31 年 12 月中旬

日期：32 年 1 月 5 日

一、浙江慶元、龍泉兩縣本年鼠疫流行情形

（一）發現情形

　　浙江省之慶元縣與閩省之政和、松溪接壤，二十八
年即已傳入鼠疫。繼之，其臨縣之龍泉亦告發現。直至
三十年底該兩縣境內雖未形成劇烈之流行，然亦不斷有
疑似病例發現，且染疫鼠族迄未絕跡于鄉間，經過相當
時日迭有死鼠發生。茲將兩縣本年發現情形述如下：

　　慶元縣于本年上半年在防疫人員嚴密防範之下，續
無發現。七月下旬縣屬之安仁鄉八都村居民楊某家中先
有死鼠，繼之楊某染疫死亡，此後該村中即不斷有患者
發現，至十月中旬共計患者廿二人。此外，有吳某者九
月中旬在八都村染疫返城後發病死亡。同時黃新鄉黃壇
村亦發現三例，死亡兩例，十月下旬竹口區曹田鎮疫死
三例。綜計該縣境內先後染疫者三十人。

　　龍泉縣之小梅鎮本年五月下旬至七月下旬居民中發
現疑似鼠疫死亡六人，治療一人。十月中旬又發現先後
有疑似患者三例，其中死亡二例。

（二）防治經過

去年（三十年）省衛生處已派有臨時防疫隊專任龍泉、慶元一帶鼠疫防治工作，本年該隊改組為省醫療防疫隊第二分隊。五月間該地鼠疫既告發生，適值浙東戰事之轉移，省醫防隊乃移駐龍泉，防疫力量立即增強，經努力防治後乃暫告歛跡。至十一月間又有病例發現，除仍繼續防治外，並于城區設檢疫站實施檢疫工作，以杜蔓延。至慶元縣鼠疫除由省醫防隊偕同衛生院加緊工作外，另由該縣籌款設置防疫專責機關，並據呈省政府核給防疫經費及大量疫苗，以利工作。頃據該省衛生處處長孫立裳電告，定于十二月六日親往龍泉督導一切。

二、浙江衢縣鼠疫之餘勢

本年敵寇侵擾浙贛衢縣城區一度失陷，聞敵人亦曾從事鼠疫防治工作，自經我方收復後，省衛生處乃派醫防隊隊長柯主光前往查勘，據報尚無鼠疫患者發現，唯防疫工作仍有繼續加緊實施之必要。十一月九日該縣地方當局電報，行政督察專員公署所在地發現死鼠，經衛生院鏡檢有可疑之鼠疫桿菌，疫病復發至為可慮。省醫防隊隊長柯主光當率一部防疫人員再赴該縣協助防治，並謀恢復臨時防疫機構，加強充實衛生機關以利防治。

三、湖南常德鼠疫之繼續發現

衛生署專員湘西防疫處技術顧問伯力士博士十二月十六日電告，常德縣石公橋、鎮德橋兩處鼠族中疫勢仍繼續流行。十二月十三日石公橋又發現鼠疫患者一例，現在治療中。鎮德橋疫區前經駐軍協助封鎖，近以軍隊突然調動，無形又開放，衛生鼠已電請第六戰區兵站

衛生處陳立楷處長設法補救，又軍政部第四防疫大隊第
一中隊已奉命攜帶防疫器材開往常德協防，已于十一月
二十一日到達石公橋疫區開始工作。

● 疫情旬報第 1 號

32 年 3 月上旬

閩贛鼠疫之繼續流行

（一）江西廣豐

一、流行情形

　　三十一年十月廿八日廣豐縣衛生院報告，縣東街發
現疑似腺鼠疫一例，當由上饒第六中心衛生院派徐課長
學璿、何技佐凱增馳往該縣調查防治。十月二十九日後
於該縣東街附近發現一女屍，經取肝液塗抹標本，顯
微鏡下發現革蘭姆氏陰性，類似鼠疫桿菌（限於設備未
作細菌檢驗及動物試驗）。同日於北門口烏林街又發現
一例，經作塗抹於本當即檢出與前者同樣之類似鼠疫桿
菌，此後乃于該縣城內繼有病例發現。前後計十月份發
現六例，一月份四例，十二月份一例，共計十一例，除
一例以磺苯胺噻唑治愈外，其餘均告死亡。最後一例係
十二月一日自十二月二日至今始終未按有新病例發現之
報告。

二、防治經過

　　自該縣發現鼠疫後，江西省衛生處除派第六中心衛
生院一部人員前往調查防治外，該院劉院長任濤及省防
疫總隊黃專員樞隨即率領省醫防第二中隊趕往增防，當
與該縣主管當局及有關各機關會商緊急防治辦法。爰

即成立臨時防疫處，由縣政府自賑款項下撥借萬元以充
經費，嚴密封鎖疫區，並於疫區附近設隔離病院及留驗
所，更于西南城門設檢驗疫站強迫實施預防注射，統制
中西醫藥，組織疫情蒐查隊隨時出動尋查病例，以期疫
情報告迅速準確。經此次緊急處置後，該縣疫勢于段期
間乃告阻遏。

（二）江西上饒

甲、流行情形

　　三十一年十一月廣豐鼠疫流行之時，上饒亦隨之發
生腺鼠疫。首例係于十一月二日發現，最後一例發生于
十一月廿一日流行，共二十日，先後疫死十九例，內
經顯微鏡檢驗查出類似鼠疫桿菌者十一例。自十一月
二十二日至本年二月底止，未據報有新病例發現。

乙、防治經過

　　上饒鼠疫發現之始，也適第六中心衛生院劉任濤及
大部人員正在廣豐督導防治鼠疫工作，聞報後乃及遄
返，即會同當地軍警機關積極實施防治，乃將北門村金
龍崗箭道街、東門等處疫區封鎖，並將病人及其家屬分
別隔離留驗，成立臨時防疫處以專責成。省衛生處處長
方頤積亦鑑于疫勢嚴重，一度親往督導一切，經嚴密處
理後，疫勢未致擴大。

　　當廣豐、上饒鼠疫流行之時，本處為求迅速阻止疫
勢蔓延起見，曾于卅一年十二月十二日召開委員會決
定防治方針。除軍政部第二防疫處科長蔡謙于十二月
二十二日前往閩北上饒一帶調查疫情概況，現尚未返
署。又醫療防疫總隊為調整駐閩浙贛一帶所屬巡迴醫防

隊，俾增強防疫實力起見，乃派技術組主任胡克成于卅
一年十二月底前往江西整理，佈署一切。

（三）福建閩北

甲、水吉：水吉鼠疫自卅一年十一月十九日開
始發現，至十二月十六日止，計有染疫軍
人五例，其中死亡三例。自十二月十六日
以後，駐該地之部隊中未再有發現。

乙、南平：南平東門外黃墩村發現死鼠，經派
員前往檢驗據暴死鼠解剖內臟塗片發現顯
革蘭姆氏陰性兩極染色之桿菌。該地鼠族
中染疫者尚多，但尚未波及居民，為防範
該地鼠疫復發起見，衛生署地十六巡迴醫
防隊已自建甌調駐該地。

● **疫情旬報第 2 號**

32 年 3 月中旬

日期：32 年 4 月 6 日

鼠疫疫勢之沉寂及繼續管制檢況

一、湖南常德：三十一年一月至七月，該縣城區先後發
現鼠疫三十六例，死亡三十例，八月份以後即無病
例發現。不幸自十月份起，該縣屬之石公橋、鎮德
橋又先後發現流行，計石公橋發現患者三十一人內
死亡二十九人，鎮德橋患者九人內死亡七人。經該
地防疫人員之努力防治後，自十二月份至今未再有
新病例發現。湘西防疫處鑑于春令將屆為防疫勢復
熾起見，除鎮德橋、石公橋二疫區經常派員實施預

防工作外，並於一月八日派員赴該二疫區屬行毒鼠
工作，以清疫源。至常德城區各舊有疫區亦于卅一
年十一月廿四日召集各有關保甲長等由伯力士顧問
宣講毒鼠步驟及工作要點後，當于十二月二十五日
至三十日按照計畫實施。又湘西防疫處三月三日電
告，定于日內再石公橋、鎮德橋二區內施行春季普
遍預防注射，以策安全。

三、浙江龍慶一帶：龍泉、慶元兩縣年來鼠疫迭有發
現，卅一年一月至十一月份龍泉縣共發現腺鼠疫
八十一例，慶元縣共一百二十四例，經浙江省政府
撥款督飭分設臨時防疫處加緊防治後，疫勢日漸平
息，奈該兩縣鼠疫年來已成為地方性病之存在，疫
源不易根絕。本年一月上旬又有發現，計龍泉疫死
一人，慶元患者三人，死亡二人，以後即未見有新
病例發現。

四、浙江義烏：去年一月至四月該縣發現鼠疫二十四
例，自入夏以至于今，該地即淪陷於敵。據浙江省
衛生處電告，去冬該縣又有鼠疫流行，據報死亡一
零六人，惟以該地既告淪陷，流行詳請無法探悉，
防治工作亦無從實施。

● **疫情旬報第 7 號**

32 年 8 月上旬至中旬合訂

日期：32 年 9 月 9 日

三、鼠疫

甲、浙江省

（一）雲和：據省衛生處八月十六日電，雲和河上村
　　　保育院自六日起迄今先後發現死鼠十五隻，鏡
　　　檢有可疑鼠疫桿菌，並施行動物接種。

（二）龍泉：浙省府黃主席八月十七日電告，本省龍泉
　　　鼠疫猖獗，泰和亦發現可疑死鼠。

乙、福建省

（一）福建省衛生處報告，卅二年一月至六月止已收到
　　　各縣市鼠疫疫情如下：仙遊患者十六例，死亡
　　　十三例；永定患者一二九例，死亡一二零例；
　　　南平四三例，死亡三三例；建陽死亡二例；莆
　　　田二二二例，死亡二零二例；福州市三六八例，
　　　死亡三四八例；同安二四例，死亡十四例；南
　　　安二零例，死亡十五例；晉江一六九例，死亡
　　　一四〇例；浦城死亡一二例；羅源五例，死亡
　　　四例；安溪八例，死亡七例；建甌五例，死亡
　　　四例。共十三縣一零三三例，死亡九一七例。

（二）夏道：據駐南平■■軍六月廿八日電，夏道鼠疫
　　　流行，居民死亡多人。

（三）福州一晉江：省衛生處七月廿五日電，本省鼠疫
　　　已報疫情詳病例一零三三人，死亡九一七人。
　　　現福州、晉江疫勢仍熾。復據該處八月二日電
　　　稱，據報水吉縣池墩保大湖，鼠疫甚熾。

另息：

衛生署鑒於閩省鼠疫之嚴重，歷史之悠久，且甚猖獗，
已派外籍專員伯力士、醫防第四大隊長施毅軒前往主
持，訓防治鼠疫人員，充實防治力量，以除此隱患。此

外，本旬未接其他傳染病之報告。

● **疫情旬報第 10 期**

32 年 11 月上旬至 11 月下旬合訂

日期：33 年 1 月 7 日

本年鼠疫蔓延概況

二、各地鼠疫蔓延概況

乙、浙江省

浙、閩兩省地壤相接，福建鼠疫雖蔓延四十餘年，然浙江鼠疫之傳染史無記述。二十七年冬季，浙省慶元鼠疫突形爆發，實由閩北傳入，似無疑。間此，為該省染疫之首次報告，二十八年龍泉繼之染疫，二十九年鄞衢兩縣突染流行，其傳染來源據傳與敵機散播異物有關。三十年金華及義烏、東陽、江山等縣字三十一年夏季以後因戰局關係，除慶元、龍泉、衢縣外，其他各地疫情均無法覆悉，至慶元、龍泉兩地鼠族經已染疫，鼠疫顯已形成地方性。本年一至三月分兩縣續有鼠疫病例發生，慶元自四月至今疫勢已殺，龍泉七月以後則又形獨■，八月上旬自雲和縣之河上村保育院更發現死鼠十五隻■……。該縣城區鼠族亦告傳染病發現首例鼠疫病例，十一月九日浙江省衛生處電報該地鼠疫於居民及鼠類內續有發現，而麗水縣之碧湖鎮及宣平之溪口等處亦有死鼠發生，至該省因戰事交通之變遷，亦是乃自南向北日趨蔓延。綜計本年慶元、龍泉、雲和三地先後共發生三一例死亡十六例。麗水、宣屏兩縣尚無鼠疫病例發生之報告。

丙、湖南省

湖南、湘西過去無鼠疫發生之記載，即華北、華南鼠疫流行熾盛之時亦未曾波及。惟自三十年十一月間敵機到達常德上空低飛投擲穀類及碎布等異物，數日後常德即發生鼠疫，經各專家之詳細調查，根據各項事實之引證，咸認傳染來源是敵機投擲異物所致。三十一年該城仍繼續發現，全年共計七十六例，死亡六十六例。本年一月至八月份該縣迄未發現病例，至十月六日湘省衛生處電告常德境內之周家店發現鼠疫患者三例。至該地傳染情況如何，以湘北戰事復起，未獲續報。桃源縣自三十一年五月發現肺鼠疫十六例後，迄今未再有病例發生之報告。

戊、江西省

江西省光澤縣地接閩境，卅年四月電告鼠疫流行，經調查結果認為係由閩北傳入，患者三六例，死亡三零例，以後未續發現。同年六月上饒亦發現鼠疫，病人證實一例，係由浙江衢縣傳入。卅一年冬季由于浙贛戰役進行之際，上饒、廣豐又告發生，兩城共計患者五十例，幸不久即行消滅。本年一至九月份，贛省境內尚無發現，惟十月十三日光澤急又報告發現鼠疫，患者一人，並經證實據衛生署醫防總隊第四大隊大隊長施毅軒電，稱十月廿二日有疑似鼠疫患者二人死亡，二十七日又發現六人死亡。十月以後之疫情尚無續報。

三、防治經過

甲、浙江省：

龍泉、慶元二縣鼠疫由浙省衛生處一良防疫總隊負責防

治；雲和縣自河上村保育院發現疫鼠後，乃在該地衛生防疫機構監視下，將該保育院建築澈底焚毀，以清疫源。孰意於十月五日該縣內又告發現疫鼠，並發現第一例鼠疫病人，除由省衛生處督飭該地防疫機關實施緊急預防措置外，並將疫區居民全部移送留驗所，以策安全。衛生署醫療防疫總隊第六巡迴醫防隊已奉派于十一月二十三日抵雲和協助防治。

乙、福建省：

福建省鼠疫防治機構原有相當基地，除經常設置防疫隊外，並于永安、沙縣、南平三縣各設防疫所一所，每所附設防疫醫院，以防治鼠疫為主要對象。此外，尚有衛生署醫防總隊第四大隊及軍政部第二防疫大隊第三中隊協助防治。本年八月間，衛生署鑑於該省鼠疫流行嚴重，特派外籍專員伯力士博士暨醫防總隊第四大隊長施毅軒前往主持，訓練鼠疫防治人員，以充實防疫力量。

丙、湖南省：

湖南常德自發生鼠疫後，即由中央、地方軍民防疫機構聯合組織湘西防疫處任防治常、桃一帶鼠疫之專責，經常派有防疫人員在城鄉各地實施防治工作。今春為策安全起見，曾在石公橋、鎮德橋二疫區加緊實施毒鼠預防注射等工作。最近因戰事關係，防治工作暫告停頓。

五　內政部檔案
鼠疫疫情

原案單位：內政部

移轉單位：內政部

典藏單位：國史館

● 鼠疫疫情緊急報告第 2 號

日期：30 年 12 月 11 日

甲、湖南

疫情：

（一）據湖南省衛生處處長張維本月六日電稱，常德鼠疫經陳文貴醫師以荷蘭豬試驗證實；已成立防疫處隔離病院及留驗所，各所所聘各有派來之防疫人員為防疫設計委員等語。

（二）軍政部第四防疫大隊第一中隊長李慶傑十一月二十六日函報，稱常德防疫處已辦理免費診療，調查死亡，成立留驗所、工程組、檢驗組、總務組等，積極辦理各項防治工作。

處理情形：

（一）衛生署于十二月十日電，復湖南省衛生處處長張維，對于常德鼠疫防治機構主持，中央自當竭力協助，仰積極防治，所需鼠疫疫苗等，中央防疫處電告已于十一月十八日寄出。

（二）衛生署于十二月十日電，飭醫療防疫隊總隊部轉飭所有暫駐常德各隊，應加緊工作，如非奉

准不得擅離。

（三）據第九戰區兵站衛生處處長趙蟾十一月卅日
　　　電，告第九防疫大隊鼠疫苗經發 17,000 公撮，
　　　又各部隊疫苗亦經呈奉司令長官薛分發，計
　　　1,909 瓶等語。

乙、浙江

疫情：

（一）據衛生署醫療防疫隊第四大隊長周振電告，衢
　　　縣鼠疫經商定劃分防治衢縣鼠疫由第四路大隊
　　　負責，義烏由省衛生處負責，金華已著手組織
　　　防疫處。

（二）浙江省衛生處處長孫序裳本月八日電，稱義烏
　　　鼠疫自十月八日起至十一月底止，據該現衛生
　　　院指告統計患鼠疫病人共一一三人，經治癒者
　　　八人，正在治療中者十一人，死亡者者九十四
　　　人；衢縣疫情正整理中。

（三）據衛生署醫療防疫隊第四路大隊長周振十二月
　　　九日電稱，義烏鼠疫自本月一日至三日，計有
　　　病例五人，疫鼠五隻；衢縣自本月一日至八日
　　　病例、疫鼠均無。

● **鼠疫疫情緊急報告第 6 號**

日期：30 年 12 月 12 日

甲、湖南

疫情：

常德方面：自十一月廿五日後無鼠疫新病例。

處理情形：

（一）據中國紅十字會總會救護總隊部呈衛生署稱，已函請美國紅會速捐贈治療鼠疫化學藥品Sulfathiazole，並請印度方面贈送鼠疫疫苗。

（二）本月十二日，衛生署電湖南省政府，略以鼠疫多由疫鼠及鼠蚤隨貨運蔓延，湘省米運頻繁，傳播甚虞。常德防疫處對于離湘貨運之交通要地，應加緊檢疫工作，檢疫站成立幾處，請轉飭注意辦理見復云。

（三）十二月十二日，衛生署電飭川、黔、桂三省衛生處醫療防疫隊總隊部、晃縣、黔江、支順、馬場坪、桐梓、畢節等公路衛生站分別飭屬及注意辦理對由湘轉出貨運檢疫工作。

乙、浙江

疫情：

衛生署醫療防疫隊第四路大隊長周振十二月十日電告浙江義烏鼠疫自十二月四日至六日，計有病例五人，疫鼠兩頭。

● **鼠疫疫情緊急報告第 7 號**

日期：30 年 12 月 15 日

甲、湖南

疫情：

衛生署醫療防治總隊第二路大隊長石茂年本月十二日電告常德六日至十一日無鼠疫病例。

處理情形：

（一）衛生署醫療防疫隊第二路大隊長石茂年十一月
　　　廿九日報告，常德十一月下旬經捕鼠二百餘
　　　隻，解剖檢驗未發現疫鼠。又前培養敵機所散
　　　之稻麥等，並取民眾稻麥作對照培養，經檢驗
　　　均為革蘭氏陽性桿菌，未能證實。

（二）又據石茂年大隊長及林總隊長可勝電告，陳文
　　　貴醫師于本月二日返貴陽，攜回敵機擲下之米
　　　麥，正繼續研究中。

（三）衛生署奉諭將所需準備鼠疫苗三十萬瓶之預算
　　　呈核。此外戰時防疫聯合辦事處所擬之防制敵
　　　機散播鼠疫桿菌實施辦法，已由行政院于本月
　　　十二日召開會議審查通過，即可通飭施行。

（四）據第六戰區長官部衛生處處長陳立楷本月五日
　　　電略稱：（1）常德鼠疫自十二月十七日至廿四
　　　日僅有疑似一名，經作各種試驗。（2）染疫房
　　　屋以局部牆塞，地板、陰溝已掘開消毒。（3）
　　　公務人員及疫區民眾正從事預防注射，並推行
　　　滅鼠運動及輪船檢疫。

（五）軍醫署函請運輸統制局將由湘、浙等各省間交
　　　通要道及工具等分別查示。

（六）軍醫署代電第三、四、五、七、九戰區兵站衛
　　　生處請調查戰區，至鄰近各戰區交通要道設置
　　　檢疫站■■。

乙、浙江

疫情：

（一）衢縣：自本月一日至八日病例、疫鼠均無。

（二）金華無鼠疫、病例發現。

（三）義烏無疫情送來。

（四）軍政部第二防疫大隊十二月六日電軍醫署報稱金華無鼠疫發現，義烏仍有。（按：義烏自十二月四日至六日，計有病例五人，疫鼠兩頭）

（五）軍政部第四防疫分隊十二月七日電軍醫署報稱金華上月間發現死鼠，鏡檢有類似鼠疫桿菌，經動物接種則屬陰性，病人亦迄未發現。

處理情形：

（一）據軍政部第二防疫大隊十二月六日電軍醫署，已令四分隊派一小隊協同紅十字會 312 隊劉醫師等趕往義烏防治，並請轉知各衛生機關禁止在報端發表無醫學根據之言論，以免擾亂人心。

● 鼠疫疫情緊急報告第 8 號

日期：30 年 12 月 17 日

甲、湖南

疫情：

衛生署醫療防疫隊第二路大隊長石茂年十二月十五日電報，常德于十二月十四日發現鼠疫一例，二十四小時後死亡，經顯微鏡檢驗證實（湘衛生處處長張維自常德發電報告相同）。

處理情形：

（一）湖南省衛生處處長張維于十二月十二日常德指導防治鼠疫事宜。

（二）衛生署為防止湘米運川時攜帶鼠疫桿菌起見，

特函詢糧食部關於湘米運輸情形、停泊地點以及運輸量等等，以資辦理檢疫工作之參考。

乙、浙江

疫情：

（一）衛生署醫療防疫隊第四路大隊長周振十二月十三日報，義烏自十二月七日至九日計有病例三人，疫鼠兩隻。

（二）浙江省衛生處十二月十一日電告義烏自十二月一日至十日計有患者廿三人，治癒四人，死亡五人，其餘正診治中。

丙、福建

疫情：

福建省衛生處處長陸滌寰十二月十二日電報永安自十二月二日至十二月十日發現新病人。

處理情形：

福建省衛生處處長陸滌寰電報永安十一月廿四日至十二月九日，計鼠疫預防注射九二五五人，約達成全城人口三分之一；嚴密封鎮，疫區已消毒三六六戶，薰鼠穴二四四六處，封閉鼠穴二九四一處。各項工作仍繼續進行，短期內疫勢似可平息。

● **鼠疫疫情緊急報告第 9 號**

日期：30 年 12 月 19 日

甲、湖南

疫情：

常德于本月十四日再發現鼠疫一例，以後報告尚未

送到。

處理情形：

（一）衛生署外籍專員、鼠疫專家伯力士博士（Dr. Pollitzer）十二月十四日電告于十二月十三日抵東陽，準于十四日赴常德（湘衛生處處長張維十四日電告相同）。

（二）衛生署晃縣公路衛生站十一月廿六日代電報告，本站業已策動地方當局辦理預防工作。

乙、浙江

疫情：

義烏自十二月一日至十日計有患者廿三人，以後報告尚未送到。

處理情形：

（一）軍醫署第三處轉來鐵道運輸司令陸福廷十二月九日報告略稱：為防止義烏鼠疫蔓延，計各次車于五日起均不在該處停靠，並于蘇溪、義亭設檢疫處，凡由蘇溪、義亭乘火車軍民均須檢疫，憑證乘車，以策安全。

丙、福建

疫情：

衛生署醫療防疫隊報告，以據第十八隊隊長張光溪報稱：邵武鼠疫自九月二十三日至十一月十二日共死亡二十三人；隔離醫院有患者二人，尚在治療中。

處理情形：

衛生署醫療防疫隊報告，以轉據第十八大隊隊長張光溪十一月十七日報稱：邵武方面于十一月由縣政府等機關

組織防疫委員會，設有總務及醫務兩科，下分：（一）報告登記組；（二）調查組；（三）檢疫組：（四）預防注射組；（五）工程組；（六）隔離治療組；（七）檢驗組。十一月間開始在公路檢疫、預防注射、民房消毒及滅鼠工作等語。

● **鼠疫疫情緊急報告第 10 號**

日期：30 年 12 月 23 日

甲、湖南

疫情：

常德于十二月十四日再發現鼠疫一例，以後無報告。

處理情形：

軍醫署電第六戰區司令長官部衛生處陳處長立楷，請會同地方衛生機關呈請陳長官于常德至川鄂交通要道籌設檢疫站。

乙、浙江

疫情：

浙江省衛生處十二月十七日電稱：義烏自十二月十一日至十五日發現鼠疫新病例三人，死亡二人，其餘二人在治療中。（另據周振大隊長電告義烏十至十四日發現四人，疫鼠一隻；衢縣一至十七日病例、疫鼠均無。）

處理情形：

浙江省衛生處處長孫序裳電稱：本處防疫隊由柯技正率領全數開赴義烏，以期加緊防治。

● 鼠疫疫情緊急報告第 11 號

日期：30 年 12 月 27 日

甲、湖南

疫情：

衛生署醫療防疫大隊第二路大隊長石茂年十二月二十一日電告：常德于十二月二十日又發現鼠疫一例，已死亡。經細菌培養及顯微鏡檢查證實。

處理情形：

衛生署外籍專員、鼠疫專家伯力士博士（Dr. Pollitzer）于十二月二十一日抵常德。

乙、浙江

疫情：

（一）衛生署醫療防疫隊第四路大隊長周振十二月十八日電告：衢縣自本月一日至十七日病例、疫鼠均無。

（二）周振大隊長十二月二十四日電稱：

（1）義烏自十二月十五日至十八日計有鼠疫病例三人，疫鼠二二隻。

（2）衢縣自十二月十七日至二十三日發現疫鼠三隻。

處理情形：

（一）周振大隊長十二月十八日電告：所有派往衢縣參加鼠疫防治實地見習班人員隨到隨收，實地參加防治鼠疫工作，實習各項技術。

（二）軍醫署擬就軍政部各防疫大隊中隊抽調二人前往浙江衢縣、義烏等地參加鼠疫防治實施見習班。

（三）第三戰區顧司令長官電呈軍事委員會稱：為防止義烏鼠疫蔓延，計火車仍暫不停靠義烏前後兩站，及水陸交通要道均設站檢疫；防疫機構改組為臨時防疫處，縣長兼處長，浙江省衛生處高級技術人員兼副處長。

丙、福建

疫情：

十二月二十三日福建省政府電告：「准二十五集團軍總部電轉敘文，總隊黃兼司令電稱本月八日晨，敵機一架在龍溪溪北投下圓形毒彈，落地無聲，變為蜘蛛網狀，旋化為蚊咬人吮血，人即中毒致命，傳染甚速等情，請飭屬注意防範等由；除飭龍溪縣政府詳查具報，並分飭嚴防外，謹電查照。」

處理情形：

衛生署除轉電軍政部防毒處查照，並電飭福建省衛生處迅速查照詳情具報。

● 鼠疫疫情緊急報告第 12 號

日期：30 年 12 月 31 日

甲、湖南

疫情：

衛生署醫療防疫隊第二路大隊長石茂年十二月二十六日電告：常德自十二月二十一日至二十五日無鼠疫新病例。

處理情形：

衛生署外籍專員伯力士博士（Dr. Pollitzer）正在常德指

導辦理防治事宜。

乙、浙江

衢縣無鼠疫新病例報告；義烏自十二月十八日以後無鼠疫病例報告

● 鼠疫疫情緊急報告第 13 號

日期：31 年 1 月 6 日

甲、湖南

疫情：

（一）衛生署外籍專員伯力士博士（Dr. Pollitzer）上年十二月廿九日電報：常德鼠疫最後一例，係于十二月廿日發現，以後無疫情。

（二）衛生署醫療防疫隊第二路大隊長石茂年電告：常德自上年十二月廿六日至三十一日無鼠疫病例。

處理情形：

衛生署外籍專員伯力士博士仍在常德繼續考察指導。

乙、浙江

疫情：

（一）浙江省衛生處電報：義烏自卅年十二月廿一日至廿五日患鼠疫者七人，死亡五人。

（二）衛生署醫療防疫隊第四路大隊長周振電報：義烏自十二月十八日至二十六日計有鼠疫病例七人，疫鼠一隻。

（三）軍醫署據第四防疫大隊長齊樹功電報：義烏三十年十月份陽性鼠疫三十一人，死二十八人，愈

三人；疑似五人，均死。十一月份陽性五十八人，死五十人，癒五人；疑似十八人，死十七人，癒一人。十二月份上旬陽性九人，皆死；疑似四人，死三人，癒七人。

（四）衛生署醫療防疫隊第四路大隊長據報告衢縣卅年十二月份，全月共有疫鼠四隻，病例無。

處理情形：

有關各方仍在繼續加緊防治，浙江省衛生處並訂製「浙江省敵機空擲物品緊急處置辦法」。

丙、福建

疫情：

福建省衛生處陸滌寰處長電告：永安自三十年十二月二日至廿四日，無鼠疫病例。迨十二月廿五日又發現一例，已死亡。十二月年九日至卅一日，未發現新病例。

處理情形：

福建省衛生處處長陸滌寰電告：永安自十一月廿四日至十二月卅一日，計預防注射一二二零零人，消毒一七五一戶，薰蒸鼠穴七六五五個，封閉鼠穴一一三三一個，現仍繼續防治中。

● **鼠疫疫情緊急報告第 14 號**

日期：31 年 1 月 12 日

甲、湖南

疫情：

常德最後一鼠疫病例係上年十二月廿日發現，以後無續發病例報告。

處理情形：

（一）衛生署外籍專員伯力士博士（Dr. Pollitzer）本月二日電告：常德無鼠疫病例即赴鹽江，衛生署已電飭該員在鹽江候命，並經函飭研究常德鼠族有無染疫情事。

（二）衛生署呈請行政院先撥款三萬元交湖南省政府作防治常德鼠疫費用。

（三）中國紅十字會總會救護總隊總隊長林可勝函告：常德鼠疫證明確係由敵機散播染疫物品所致，衛生署已再電告省市政府及省衛生處注意防範，並開始彙編總報告，以資宣傳。

乙、浙江

疫情：

（一）浙江省衛生處本月五日電告：浙江義烏自三十年十二月廿八日至三十日，計有患者六例，死亡四人。又東陽十八都蔣村橋亦發現鼠疫。

（二）衢縣無報告。

處理情形：

（一）衛生署醫療防疫隊第四路大隊部（駐衢縣）奉令開辦鼠疫防治見習班，定于本月十五日開班，由有關各方派員前往實地見習參加防治鼠疫工作，以期復得各種防治鼠疫之技能。

（二）義烏鼠疫仍在繼續防治中。東陽十八都蔣村橋鼠疫正由浙江省衛生處技正柯主光會同當地政府嚴密防治。

丙、福建

疫情：

福建本年開始後無疫情報告

處理情形：

衛生署再電福建省衛生處迅速查明敵機前在龍溪擲下毒彈情形。

● 鼠疫疫情緊急報告第 15 號

日期：31 年 1 月 20 日

甲、湖南

疫情：

衛生署第十四醫療防疫隊一月十四日電告：常德于本年一月十三日又發現鼠疫一例，已證實患者係女性，已死亡（又湖南省衛生處報告同）。

處理情形：

衛生署代電閩、粵、贛、桂、鄂及浙各省政府注意改進防疫工作各點，以收防疫實效。

衛生署電外籍專員伯力士博士留常德指導防治鼠疫事宜。

乙、浙江

疫情：

浙江省衛生處本月九日及十五日電衛生署醫療防疫隊第四路大隊長周振，本月八、九兩日分別電告疫情為下：

（一）義烏：一月一日至五日，有鼠疫患者一人，及疫鼠一隻，無死亡。一月六日至十日，疫鼠及患者均無。中國紅十字會第三一二隊隊長劉宗

歆于上年十二月三十日在義烏，染肺鼠疫殉職。

（二）衢縣：三十年十二月全月，共有疫鼠四隻，無
　　　人數鼠疫病例。三十一年一月一日至八日，疫
　　　鼠、病例均無。

（三）東陽：巍山死亡八人，蔣村橋疫死一人，後即
　　　未蔓延。

處理情形：

衛生署電飭浙江省衛生處改進防疫工作各點，並電中國
紅十字會總會江劉宗歆隊長患病經過具詳查報。

丙、福建

疫情：

福建省衛生處本年一月十二日電稱：奉電經查明敵機在
龍溪所投毒物，曾經省防空司令部將當時變成之細菌數
條送處檢驗，發現有■……

處理情形：

衛生署電飭福建省衛生處將檢驗結果續報，並加緊防
範，隨時具報。

● **鼠疫疫情緊急報告第 16 號**

日期：31 年 1 月 26 日

甲、湖南

疫情：

常德于本月十三日後，發現鼠疫一例，以後無報告。

處理情形：

各項防治工作均在繼續進行中，衛生署撥發湘省一萬
元，飭編具體防治實施方案，並另撥款二萬元交醫療

防疫總隊派遣衛生工程隊，前往常德協助指導滅鼠工作。

乙、浙江

疫情：

浙江省衛生處本月十六日及二十四日、衛生署醫療防疫第四路大隊長周振本月廿日分別電告疫情如下：

（一）義烏：一月十一日至十五日，有患者兩例，死亡一例，另一例在治療中。一月十六日至二十日，患者三例，死亡一例，另二例在治療中。

（二）東陽：蔣村橋于上月廿五日及本月二日，各死一例。一月十六日至二十日，死二人，後全鄉死六人。

（三）衢縣：本年迄一月廿日止，無疫鼠及病例。

處理情形：

義烏及東陽防治工作留所者有浙江省衛生處技正柯主光協助，現地方繼續積極進行中。

丙、福建

疫情：

第三戰區兵站總監繆啟賢三十年十二月十九日代電告疫情如下：龍溪鼠疫先發現于城區下田霞，繼蔓延至陸安西路、大同中路等處，死亡數人，已告平息，惟距城五里十坦屬鄉，尚有鼠疫患者發現。

處理情形：

當地防疫機關正在積極防治。

● 鼠疫疫情緊急報告第 17 號

日期：31 年 1 月 30 日

甲、湖南

疫情：

常德最後鼠疫一例，係本年一月十三日發現，以後無報告。

處理情形：

各項防治工作仍在繼續辦理中。

乙、浙江

疫情：

浙江省衛生處本月二十八日電告疫情如下：

（一）義烏：一月二十一日至二十五日，有鼠疫患者一例，正在治療中。

（二）衢縣及東陽兩地無報告。

處理情形：

防治工作仍在加緊進行中。軍政部第三防疫大隊已飭第四中隊長馮如林前往協助防治。

丙、福建

疫情：

（一）福建省衛生處本月廿一日電告：敵機在龍溪擲下毒品，檢驗情形如下：敵機在龍溪擲下物品，經作動物試驗毫無變化，惟檢查時間距逾月，即係含有病菌恐亦因乾燥而死，就係何種細菌無法決定。

又上年十一月二十日敵機在南靖投下梧桐花瓣甚多，有五歲童子一人誤食而斃，經檢驗亦未

發現任何毒菌。

（二）奉軍事委員會代電轉下福建省政府劉主席一月
十九日電略：「以永安鼠疫去年僅于一月六日
發現病者數人。自去年十一月廿四日至本年一
月十二日止，共發現病者十餘人，預防注射
一二五八零人，消毒二六八四戶，蒸熏鼠穴一
零八五個，封閉鼠穴一六一四二個等語。」

處理情形：

衛生署飭福建省衛生處將三十年各縣鼠疫統計最近疫
情，據以憑核辦。

● **鼠疫疫情緊急報告第 18 號**

日期：31 年 2 月 6 日

甲、湖南

疫情：

常德最後鼠疫一例，係本年一月十三日發現，以後無
報告。

乙、浙江

疫情：

衛生署醫療防疫隊第四路大隊長周振一月三十一日電告
疫情如下：

（一）義烏：一月十六日至二十日，計有鼠疫病例
四人。

（二）衢縣：一月廿四日至卅一日，計有疫鼠三隻，
無鼠疫病人。

處理情形：

軍政部第三防疫大隊第四中隊長馮如林已于一月十二日抵達義烏縣蘇溪鎮。四十九軍刻與軍政部妥商聯防辦法，疫區■■。

● 鼠疫疫情緊急報告第 19 號

日期：31 年 2 月 13 日

甲、湖南

疫情：

常德最後鼠疫一例，係本年一月十三日發現，以後無病例報告。惟據衛生署醫療防疫總隊第二大隊大隊長石茂年二月九日電轉：據外籍專員伯力士稱常德鼠族已染疫。

處理情形：

查衛生署前為澈底防範常德鼠疫蔓延起見，經飭外籍專員伯力士留常德研究觀察常德鼠族有無染疫，並飭由醫療防疫總隊派遣衛生工程隊前往常德協助指導，辦理滅鼠工作。茲特再通知有關機關注意防範，以免蔓延。

軍政部第六防疫大隊第一中隊已星夜馳赴疫區防治，並指定部隊協助五原及臨河兩縣政府劃線封鎖、分段檢查及隔離患者。

乙、浙江

疫情：

浙江省衛生處及衛生署醫療防疫隊第四路大隊長周振電告疫情如後：

（一）義烏：浙江省衛生處一月廿八日電告：義烏一月廿一至二十五日，有鼠疫患者一人，正在治療中。又二月六日電告：一月二十六日至卅一日，有鼠疫患者三人，死亡一人（據周振大隊長報告義烏一月二十六日至三十一日有鼠疫病例五人）。又二月九日電告：義烏二月一日至五日，有鼠疫新患者一例，舊患者治癒五人，死亡二人，餘在治療中。

（二）衢縣：周振大隊長二月九日電告：二月三日至九日，衢縣有疫鼠一隻，無患者。

（三）東陽：浙江省衛生處二月六日及九日電告：東陽除巍山有疫，已積極防治外，其餘各地無患者。另據周振大隊長二月九日電告：東陽巍山鼠疫流行。

處理情形：

有關各方正在協力加緊防治中。

● **鼠疫疫情緊急報告第 20 號至 38 號**

略，請參見本冊第四部分。

民國史料 29

國民政府抗日戰場中的
反細菌戰（二）

Anti-Germ Warfare during the Second
Sino-Japanese War, Section II

主　　編　許峰源
總 編 輯　陳新林、呂芳上
執行編輯　林弘毅
排　　版　溫心忻

出 版 者　🛡 開源書局出版有限公司

　　　　　香港金鐘夏愨道 18 號海富中心
　　　　　1 座 26 樓 06 室
　　　　　TEL：+852-35860995

　　　　　✿ 民國歷史文化學社 有限公司

　　　　　10646 台北市大安區羅斯福路三段
　　　　　　　37 號 7 樓之 1
　　　　　TEL：+886-2-2369-6912
　　　　　FAX：+886-2-2369-6990

銷 售 處　源流成文化 股份有限公司

　　　　　10646 台北市大安區羅斯福路三段
　　　　　　　37 號 7 樓之 1
　　　　　TEL：+886-2-2369-6912
　　　　　FAX：+886-2-2369-6990

初版一刷　2020 年 6 月 30 日
定　　價　新台幣 330 元
　　　　　港　幣　85 元
　　　　　美　元　12 元
I S B N　978-988-8637-73-7
印　　刷　長達印刷有限公司
　　　　　台北市西園路二段 50 巷 4 弄 21 號
　　　　　TEL：+886-2-2304-0488